袁Sir告诉你
不一样的外汇

袁 悦◎著

经济日报出版社

序

　　本书是作者从事外汇保证金交易的真心实悟所得，其心路历程之曲折从作者的打油诗《外汇咏叹》中可见一斑，如果外汇交易者对诗中所述感同身受，恭喜您，摆在您面前的是一把"开启智慧"的金钥匙和通向"财富之门"的"金镶玉外带钻石的金饭碗"。对此大多数读者会"呵呵"，心里想"有这么个饭碗干吗不自己端着，还出书，这不是明摆着为了赚钱嘛"。正因为真理往往掌握在少数人手里，作者正是这样的少数人，深深地明白承认了自己的不足便是进步的基石。

作者充分汲取了中华文化并将之融入到外汇保证金交易中来，为的是启发、指引大家行走在正确的道路上面来，让外汇交易者能够"站在金茂大厦上面，对浦东、浦西、黄浦江、陆家嘴一目了然"。怎样才可以吸收到本书的营养呢，我很赞同作者所说树立"敬畏·爱仁·谦卑·感恩"的态度，这样可以不断提高思维的维度，提高自身的正能量，改变人生，从此开始。

苏春华

2018 年 4 月 8 日

前　言

在看这本书之前，请先看两个实盘账户，服务器：TigerWit-Live，账号 1：83191315，观摩密码 yy123123，账号 2：82567099，观摩密码 zxc123。两个实盘账户（周五 10:00 至 12:00 开放）。账户历史中极少数的亏损单几乎都是平仓时的手误和行情激烈时滑点所致，也就是说做单是可以做到大部分正确的。有些人说，昨天成功地抓到了 100 点行情。这句话，意味着他做单还是在瞎猜，还在赔钱。不应是某天抓住了行情，而应是所有的行情都逃不出你的魔掌。

如果你没有被几家平台拉黑、拒绝服务的经历，你就还不是一个有预谋、有计划稳定赢利的交易员。

在外汇保证金行业，有 99% 的参与者赔钱，根据这个事实我们可以推导出以下结论。

1. 真理被极少数人掌握。

2. 这极少数掌握真理的人，一定在赚取超值利润，每年赚 100%、200%、300%、500%、800% 都是正常的，进一步说：掌握真理的交易员以及他的客户，在一定时间内就可以处于不败之地。

3. 这极少数赢利的"稀有物种交易员"，所运用的知识、方法是和广大赔钱的朋友所用的方法一定是不一样的。如果绝大多数的赔钱交易者认为自己掌握的是真理，那么这极少数赢利交易员在绝大多数参与者眼里一定是异类，他们使用的方法一定是大逆不道的，匪夷所思的，是荒谬的。

4. 每年赢利 30% 的交易员是业界高手，这一说法是不准确的。因为这样的交易员还是在这 99% 的人群当中。也就是说，他的收益还是不稳定的，他的心情也还是处在不安中，他的收益还夹杂行情和运气的成分。

5.这极少数交易员转行去教学赚学费的可能性几乎为0。换句话说，市面上除教外汇启蒙知识的之外，若碰到其他宣扬收几万元学费，就可以让人发财的老师，就得细思量一番。

6.广大参与者，都是聪明、努力、好学的，本钱是自己的真金白银，是血汗钱。如果说60%的人赔、40%的人赢利也说得过去，那为什么还会出现99%的人亏本、爆仓这样荒谬的结果呢？大家都认为是自己技术不好，需要努力提高技术。但我现在告诉大家"赚钱和技术无关"，至少和大家追求学习的技术无关。我们赔钱的根本原因是：我们把学到的技术揉到一起时出错了。你以为你知道，其实你不知道，你知道的是敌人希望你知道的。

有朋友问我做单不靠技术赚钱，那靠什么？我告诉他：靠本能。靠本能？太玄了吧？话太大了吧？话，一点不大。就像睡觉、喘气，是不需要技术的。

我曾经在一篇《交易很多年后发现，胜己者胜天下》的文章中看到"在交易的过程中，如果有大的问题或亏损发生，那么它肯定不是一个孤立的问题，而是牵涉相关联的多个层面。如果交易者之间存在高低水平的差异，这个差异也必定是生态系统层次方面的差异。因此，交易水平的提高需要从多方面同时着手，须以一种全局的眼光进行长期的修行和积累。"

一些交易员甚至专业人员（管理客户资金）说了自己的状况，问我怎样改进，我无奈地告诉他：重新投胎（在外汇业重新投胎）。不是哪里有错误，是哪儿哪儿都不对。

以一天的眼光投资靠的是运气，以一个月的眼光投资靠的是胆量，以一年的眼光投资靠的是对大局战略的判断，以十年的眼光投资靠的是胸怀天下纵横捭阖的气度。

投资时运用知识赚到钱，说明你有赚钱的技术，要把所谓的赚钱的技术变成赢利的本能。

"赢利＝好多次小亏＋不要大亏＋好多次小盈＋偶尔大盈＋严格止损"，这个等式是不成立的。

目录
CONTENTS

外汇咏叹

都说外汇好赚钱

九五亏损不好玩

做多做空总"打脸"

一朝不慎还崩盘

非农月月如灾难

加息非美冲上天

明知有虎偏上山

拜师学艺花大钱

技术钻研一年半

剩下半年基本面

装备完善冲上山

体无完肤破了产

提心吊胆开了仓

买对方向损了单

眼急手快改方向

跟我作对又玩完

实在不行听喊单

多空止损忽悠咱

一气之下猜钢镚

收益不错还好玩

止损如同安全带

天天搏命血流干

澳元如虫慢慢慢

黄金蹿跳吓破胆

瑞朗爱玩黑天鹅

镑日真能赚快钱

日内短线加止损

前前后后两百万

闭门思过转长线

认真研究五六年

稳定赢利亮了天

亏钱平台好朋友

一到获利翻了脸

建仓平仓蜗牛慢

软件掉线成桌面

费心劳神赚了钱

你想出金难上难

赚钱平台成关键

诚实正直不由咱

赢利出金不刁难

找对一个喜上天

汇评新闻标题党

百只黑鹅飞上天

二八比例攻破难

但愿越多正能量

袁悦作于 2017 年 5 月

外汇咏叹

003

靠技术能赚钱？那为什么
你没见过赚钱的

讲外汇之前，我要告诉大家，我们一定要站在一个很高的一个高度来看待外汇，我们要跳出外汇来看外汇，才会看得懂，看得明白。先不要陷进出，大多数人和我当初都是一样，先跳进去再说，先陷进去，死了拉倒，死都不知道怎么死的。开个玩笑讲：都是让 K 线勒死的。K 线就像悬崖之间的一条钢丝绳一样，我们天天在上面跳舞。一件事情的成功一定要有理论，还要有实践。有理论实践不成功，就是一个不适合的理论或者是错误的理论，大多数是不适合，并不是错误。

我们生活在时间和空间之中，很多事情只要是换了时间，换了空间，正确就变成谬误，外汇同样如此。我们必须学习使用一些常规理论来指导我们的实践。结果是什么呢？我和大家汇报一下一个大数据，总体来说这个行业有一种说法：95% 的人赔钱，5% 的人赚钱。这种说法一直没有实际的一个支撑，只是一个说法没有验证，现在已经验证了这是事实，因为有了大数据。现在的大数据统计，70% 的人有预谋、有计划、有步骤地在持续赔钱，20% 的人是不赔不赚，动态平衡。下文我就笼统地说 90% 的人不赚钱或者是赔钱，只有 10% 的人是有预谋、有计划、有步骤地在赚钱，持续地赚钱，其中 5% 的人赚小钱，5% 的人赚大钱，赚的比例比较大。这个数据说明了什么？在持续从业一个阶段之后，特别是民间的操盘人员绝大多数都是在赔钱，几乎见不到持续赢利的。这个持续赢利也有一个约定俗成的说法，就是说半年的时间也就是 21 周到 26 周，你每一周都做单，每个月赢利 5% 以上，持续半年的时间，这就叫持续赢利，说明你已经有持续赢利的能力了。我说的是持续，谁都有撞大运 1 千美元赚到 1 万美元的经历，我们今天和以后探讨的所有东西和运气以及行情没有关系。请记住一点：我们探讨的东西没有运气的成分，也没有行情的成分。这个数据是没有道理的，怎么着也应该是一半的人挣钱，一半的人赔钱，或者是 60% 的人赔钱也说得过去，因为连赌博的概率都是一半对一半。

赌博是没有规律可循的，做外汇是有很多的技术指标来支撑的。那为什么我们会得到这种数据，90%的人在赔钱？这是我给大家提的第一个问题，请大家记住，会问问题就是成功的开始，会解决问题就成功了。很多的老师从问问题就能看出这个学生认真学习没有？学生的水平怎么样？大家好好思索一下今天我给大家问的一个问题：为什么大家都在认真努力地学习，真金白银，都是聪明人，为什么90%的人赔钱？

　　很多的朋友会问，为什么不讲技术，不讲K线，不讲均线？各位朋友，这些都不重要。我今天我再告诉你一个振聋发聩的观点：做外汇、做投资靠技术是赚不到钱的，我负责任地告诉你靠技术是赚不到钱的。靠什么？请大家认真地往下看。本书会让各位看到一把开启财富的金钥匙，看到一条光明大道。

靠技术能赚钱？那为什么你没见过赚钱的

袁 Sir 告诉你不一样的外汇 2

99% 的人赔钱，谁在赚?

接着上一章我提出来的问题，为什么我们大家都那么聪明，都认真地学习技术和理论，都是自己辛辛苦苦赚来的真金白银，我们去参与到外汇投资保证金项目，而得到结果是90%的人不赚钱或者赔钱，这个原因是什么？告诉大家真正的原因只有一个，那就是我们学习的理论是错误的，或者客气点说就是这些理论是不适合我们的。就像火车用的参数一定不适用于汽车，更不会适用于骑自行车一样。再换一种说法，90%的人赔钱，10%的人赚钱。也可以这么说，对于那90%的人来说，那10%赢利的人所用的理论和方法在那90%的人眼中一定认为是荒谬的，匪夷所思的，不可理喻的。

　　我不是一个阴谋论者，但我不得不倾向于阴谋论。在很多投资行业，大家特别是散户朋友们学到的知识、理念是某一部分人有意识地让我们学习的。我们学习到的是本就不够系统化的支离破碎的内容，有的知识片段单独拿出来是对的，综合到一起或者形成套路之后就成了错误的。很多的朋友没有总结概括的能力，在你没明白之前，已经把信心给赔掉了，在失去了耐心、信心，被吓得心惊胆战的时候，往往就不想参与这个行业了。

更多的散户朋友就像《鹿鼎记》中的阿珂一样，学习的武艺从基本功就是错误的，而这样错误的武艺是阿珂的师傅故意为之的。但在外汇行业的大多数老师本身就是那个阿珂，以讹传讹，人云亦云，大多数的人用的理论、指导思想、方法、技术是错误的。这一章留的作业就是大家思考一下哪些是错误的或者说是不适用的理论方法。大家一定要突破束缚我们思想的框架，告诉你我们错得很离谱，我们奉为真理一样的东西，有的其实是不适合我们的。

在这里我再给大家扭转一个错误的概念，就是如果有一个交易员能够稳定地年盈利率达到 30%，这个交易员就是一个高手。这是一个普遍的一个说法，因为很多的专业交易员达不到这种稳定收入。还有就是说你不要想赚超值的利润，利润目标大你承担的风险也就相对地大。大家都在赔钱，你每年赚 30% 到 50% 就已经很不错了。我现在郑重地告诉大家，这种说法也是不正确的，为什么？我给大家讲一个道理，90% 的人赔钱，10% 的人赚钱，除去一些从业服务者的收益之后，剩下的钱全是那些赚钱的人他们去分，10% 赢利的人一定赚的是超值的利润，这个利润一定非常庞大惊人。还有一点，就是我们这个行业有杠杆，不用多说，就按普通 200 倍的杠杆来说，我就举 200 倍的例子，好比你有 100 万美元，我们用 200 倍的杠杆就相当于有了 2 亿美元。我们用 2 亿美元来做生意，年回报率 10%，这是不多的，我再少说点，哪怕是 5%，那每年的利润也达到了 1000 万美元。也就是 100 万美元的本金年收益 1000 万美元是能够做到的。我们不要那么暴利，我们保险点，翻一番、翻两番可不可以？没见过并不能说明就不存在，找对方法一定会实现的，而且是稳定地实现，在不增加风险承受力的前提下，认真思考我提出的问题。

袁 Sir 告诉你不一样的外汇 3

你学的那些知识
不是垃圾，是病毒

我们遵循的理论哪些不对或者说是不适合？再或者说不会用？还有就是单独出现的理论都是说得过去的，但是组合到一起就错了。我记得有一个记者问过我，怎样才能把自己放到那5%、10%那堆人里，逃脱这个90%赔钱的这一部分人？这个问题是太尖锐了，要说一阵子，咱们得慢慢儿捋一下。我说过我不是一个阴谋论者，但这个行业水之深，水之浑，不得不承认一定存在搅浑水的明白人。要把自己放到5%那堆人里头几乎是不可能的，说句大白话也不符合自然规律。如果把我们这些从业者比喻成一台电脑，这台电脑在我们出厂的时候就已经是中病毒的电脑了，已经乱码了。这个病毒是深入到DNA里面的，你所有的思维行动都是在这个中了毒的框架里，你所有的行为、所有的思维都是在这个中毒的框架里所做出来的，除非你要主动地、痛苦地，自我调整，自我修复，自我否定，自

你学的那些知识不是垃圾，是病毒

我革命。

举一个例子，并非题外话，这个例子非常符合我们现在的行动。我们现在做单追求的是什么？我们都想赢利。但是 90% 的人赔钱，结果是这种结果。现在很多的朋友在做单的时候追求的是所谓的程序正义，就是我做单的时候必须要把这几个动作都做好才是对的，才是正义的，赚不赚钱是另外一码事。我们想赚钱，我们的目的是这样，但是我们得到的结果是没赚到钱。这就像西方极力推销的西式民主一样，追求程序上的正义，基于假设。假设说全民选举是正义的，合法的，合道德的，合伦理的，又假设出选民一定是理性的，智慧的。这就是程序正义。选出阿猫、阿狗来我不管，只要程序是正义的，选出阿猫、阿狗也就是正义的。以此导致的全国混乱，民不聊生，经济倒退，那我不管。我们追求的不是幸福，富足，因为那都是副产品，我们追求的是民主。民主是一个不断完善的过程，不是目的和结果，我们现在做单也是这么荒谬。对比外汇，有几个不可改变的程序正义导致我们大家都赔钱。我下面就讲一下。

这十几年来，随着个人网络终端的普及，也就是家庭电脑的普及，外汇保证金业务席卷神州大地。其实在全世界范围内都是一样的，在1992年之前老百姓自己在家是做不了外汇保证金业务的。由于网络的发展，入门简单，门槛低，理念诱人，所以大家纷纷加入。

就操作理念来说不约而同地就有了一些说辞，就像刚一有股市就莫名其妙地冒出来很多很多的专家。外汇也是一样，其实这个世界赚钱的方法是没有科班来教学的，绝大多数都是江湖把式野路子，买几本书，看一些似是而非的东西。什么海龟、波浪，说句实话1万个人里头也不见得有一个会数浪的人，以讹传讹，给外汇操作定了许多不可以违抗的规矩。我下面就具体地说几条：第一个是必须有止损。还没有学操作，先告诉你做单必须有止损。还不知道怎么用软件，还不会用MT4，还不会下单就告诉你一定有止损。第二，一定要做短线，超短线。其实大伙对短线和超短线的界定都不一定知道，怎么界定一会儿我再说。绝大多数的人做的只是日内单。日内单有多么荒谬，我也会在后面慢慢为大家剖析。还有一个就是小资金也可以玩，三五百美元、万八千美元都可以入场，这也算一个优势吧，从事这个行业的优势。还有一个就是周一没有行情不做单，周五太危险、太诡异不做单，不持隔夜单，更不要说隔周单。周一的早晨一开盘会跳空，会跳高，所以不要做。月初不做单，月底不做单；季度初不做单，季度末不做单；大的国家有数据不做单；放大假之前不做单，好比元旦要放几天假，圣诞节放几天假，之前、之后都不做单。这些天都不好，风险很大。还有一个就是每天要分析财经的新闻，看一些老师的文章，再有就是赚一点小钱就出场，这就叫心态好，心态好才能赚钱。还有一个是只做直盘，不做交叉盘。因为什么呢？因为交叉盘的风险大。还有就是说努力学习各种操盘技术、各种技术指标。一定要小仓位、小单子，只用 1% 的资金来做单。还有一个叫不可以锁仓，并且告诉你锁仓容易解仓难。这都是我们在学这个行业时候最普遍、最普遍的一些所谓真理。

从入行开始了解并深信以上这几条之后，很不幸你就被归到那 90% 的阵营里面了。大多数人在没有积累足够的经验和阅历之前就已经赔到了胆寒，就退出这个游戏，退出了这个投资项目了。从此以后也是满嘴的阴谋论，全盘否定。有的人没分析能力和天分，或者说有一点分析能力，并且有点天分的，在这些错误的理论指导下还存活下来了，并且跌跌撞撞地能够达到了稳定地赢利，但也达不到一个赚大钱的境界，只能是无伤大雅的玩玩而已。

就算是都做对了，也不能保证你一定成功，但是只要有一项错误就会注定失败。这句话我觉得说得非常到位。何况我们所学习的几乎都是偏颇的，甚至是错误的，那成功从何而来？具体错在哪儿，或者说不适合，或者说融合起来是错误的。我从下一章开始慢慢为大家分析。这一章我还要给大家提一个问题，这个问题有一点难度，有一定的专业度，大家一定要深思，一定要好好地想。这个问题是我们从业者做单，同时我们会有不同的想法，我们有不同的判断，有做多单的，有做空单的，不管是比例多少或者是一半对一半，不管怎么说我们也应该有一半的人也就是 50% 的人赢利，50% 的人亏损；或者是六输四赢也说得过去，因为有做多的，有做空的。但是我们的结果为什么是 90% 的人亏损，这个结果是推导不下去的，是说不

019

你学的那些知识不是垃圾，是病毒

过去的。但是为什么绝大多数的平台公司会赢利？平台公司一个是要收取我们的服务费，咱们抛开服务费这点不说，我们都知道世界上有几大平台公司是做市商。做市商就是说随时接我们的单，你卖它就买，你买它就卖给你。这些做市商为什么能够赢利，而且一直屹立不倒？为什么我们跟它做，我们买卖它都接我们的单？为什么我们 90% 的人亏损，跟我们做对手盘的人却赢利，却赚钱，这是为什么？大家要考虑考虑。还有一个，如果 90% 的人赔钱，好比我去跟全部做单的人做对手单，我有一个软件，你下多我就下空，你下空我就下多，我最终是赢利还是亏损？大家好好思考，这个问题有一定的难度。

袁 Sir 告诉你不一样的外汇 4

钱是怎么赔的

进行到这里已经到了全书的第四章了，一定有人说怎么还不教我们怎么赚钱？你要耐心下来慢慢地看。记得喜剧演员范伟在一个小品当中说："我不想知道我是怎么来的，我只是想知道我是怎么没的。"这个范伟就是一个智者。我们把怎么赔钱剖析清楚，把它破解掉，怎么赚钱的方法、方程式自然就出来了。

　　我们在这里研究的都是大技术，也可以说是战略。我说赚钱不靠技术，很多人会反对的。我说的那个技术就是小技术，就是平常意义上人们讲的技术。这些技术在不同的情况下，在某一点上都会失效的。做外汇你要知道今天的经验明天是不可以用的，这一拨行情的经验下一拨是不可以用的，不是拿着一个尺子去套，套不了。很多人就是天天沉浸在这些小技术当中。每天研究我车技非常好，我可以在悬崖边上 5 厘米的距离开车，而且还沾沾自喜，感觉自己的技术非常好。我们研究的是战略，在战略的层面上研究战术，这样的技术才有用，没有战略一切技术都是瞎扯。你是多高明的中医，会号脉，你也得看看对方伸过来的是不是胳膊。

很不好意思，很抱歉，之前说了止损的坏话、日内单的坏话，还有小资金就可以做单的坏话。这几集我就给大家剖析一下，曾经有一个朋友用诋毁这个词来说我，说我诋毁了止损。我很愧疚，破坏了他的心灵家园。任何事情都要实事求是，平心静气，不要歪理邪说，强词夺理，我们慢慢分析，慢慢讨论，看我说得对不对。

市面上关于止损的文章成千上万，有的文章是以朝拜的口气写下的，有的文章还用佛学、道家的道理、口吻和不可置疑的口气编出一些故事来强调说明，止损怎么强调都不过分，强调止损是神圣不可侵犯的，要像信仰一样，要防止传说中的黑天鹅。黑天鹅没有等来，左右挨耳光却天天有。止损是可以有，关键是你得会止损。很多朋友连大方向都没有，每天看着 5 分钟图在那里瞎猜，赢利 20 点、30 点就跑路的人怎么设止损，难道也设 20、30 点吗？不设 20、30 点怎么办？设 7 点、8 点、10 点？每一次行情启动都有反向的动作，你本来行情预判是正确的，设完了止损之后，行情一启动，反方向一打，首先把你打得止损出场，机会就没有了。这是反应慢的，反应快的，手快的，马上进场开始做反向。好比说预判是多，我在空方那儿有一个止损，再多的时候它要往空的方向打一下，把你的止损打掉了，你现在就认为是应该是空了。你在多方又下了一个止损，这个时候正好往你第一次判断对的方向开始走，又止损了，左右挨耳光，东北话就叫蒙圈了。心中涌现出一句歌词："从此开始怀疑人生。"再加上新手的资金往往都不足 1 万美元，这点钱放到这个惊涛骇浪的市场里很快就被消耗殆尽，大多数损失都是被止损掉的。不是不能设止损，而是你必须在其他几个方面都做对的情况下才能设止损。只是一项止损就是多重的辩证，里面的知识和实践没有点脑力确实是不容易搞清楚的。

再告诉你一个大数据，大家可以上网查资料能够查得到，80% 的止损单如果不止损，都可以赢利出场；80% 的止盈单持单一周以上都可以双倍于止盈出场。我个人认

钱是怎么赔的

025

为止损是防止十级地震的，而大多数的止损都是被拂面的春风打掉的。还是那句话，不是不可以设止损，是你要真正弄懂怎样正确止损。30 点、50 点对很多的朋友都说是大行情，你怎么设止损。你的思维必须得变，不然这个止损是没有办法设的，那么可笑的事我们天天都在做。如果是 1 万美元的账户（在平台公司 1 万美元的账户都是不多的，10 万美元以上的账户更是非常罕见的），按市面上流行的小仓位 0.1、0.05 的话，有必要设止损吗？思路都是前后矛盾的，理论也是前后矛盾的。

但是不设止损怎么防范风险呢？这个问题就问到点子上了，留住问题，以后我会告诉大家比设止损要更有效的方法，不仅不损失而且还会赢利，还能得到极限的好位置。以后我会为大家来讲讲这个手法的。上一章提到的问题在这章我先不作答了，要接下来几个内容讲完再作答，大家会更加清晰明了。

袁 Sir 告诉你不一样的外汇 5

做单就要做短线

本章的主题是做单就要做短线。俄罗斯有一首夸奖、崇拜普京的歌，叫《嫁人就要嫁普京这样的人》，我特别想唱一首歌叫《做单就要做短线》："做单就要做短线呀，做呀做短线；做短线呀做短线，气呀气死你。"也不知道气死谁，反正有人偷着笑。

　　首先我来给大家界定一下什么是短线，国际上流行的一个标准是：一周以上到两个月左右的行情叫短期趋势；两个月以上到半年的叫中期趋势；跨年的趋势，一年的以上叫长期趋势。所以我们绝大多数人做的单叫超短线、超超短线、超超超短线。在这些超超超短线里头的人绝大多数做的单子又叫日内单。今天我就和大家剖析一下日内单有多么多么荒谬。

　　市面上关于日内单操作的文章成千上万，上十万，上几十万，会写文章的人几乎都写这个超短线的文章，如何

做单就要做短线

做中线、中长线的文章很少。怎样加仓、什么技巧、怎么平仓、怎么在这个中长线里操作、怎么在中长线赢利的技巧很少。有的只是写一下叫波段操作，顺势而为，不要做逆势，很潦草肤浅地写一点，具体怎么做根本都不提及。写日内单的文章声情并茂，侠骨柔情，信誓旦旦，简直就是无上光荣，容不得丝毫的置疑。是那么神圣吗？就是要做超短线也要知道大方向，大方向里面的中方向，中方向里面的小方向。一群蚂蚁看到一只大象从眼前走过，每一只蚂蚁的感受和描述都是不一样的，不全面的。如果你开车在一个没有标牌的路上凭着猜想怎么到目的地？结果是什么？起码要知道东西南北的方向，就算没有导航，没有指南针也还可以参照太阳、手表，最起码得有个参照物来判断方向。如果你是坐在直升机上那就不用路牌了，正所谓站得高望得远，一切了然于心。在直升机上看河流才知道河流是那么曲折，你在河边怎么能感到江河是那么曲折呢？每天被 5 分钟、半小时的 K 线就像乱麻一样缠绕在你的身上、头上，你看的那些 K 线，你看的那些行情叫杂波！

很多朋友从做单开始到退出不玩，从来没有打开过软件上的周图和月图，最大的周期就是小时图，这样的朋友我见到太多了。我到他电脑那儿一按周图，一按月图，四个大字赫然出现——"等待更新"。这足以说明他赔了那么多钱从来没有打开过周图、月图。你想赚钱那就是天方夜谭。

拳击比赛近几年更多地被大家熟知，这种比赛比较公平、公道，在你进攻的时候，你的防守就会有漏洞，要参加比赛要称体重，必须是体重对等我们才能比赛。但是做日内单你得看看你和对方对等不对等，你吃了几个亏？上面说了短期趋势是一周到两个月期间，而做日内单的人脑子里根本就没有这个概念。你一天下无数个单，多、空都下，看分钟图、五分钟图，趋势与你无关，那何来顺势而为？何来不做逆势？一个趋势有好几周，你现在随便打开一个币种，你看一下日线图，别说几周，就说看日线图一个行情，小小的行情都要几天，你脑海就是有这个概念，还并不是没有这个概念，这个行情有几天，可是你做日内单的规律是睡觉之前平仓，对不对？睡觉之前平仓，你做对了方向，但你没有把行情吃透，吃尽，你赢利了，赢利了一点点。如果你浮亏，方向做对了的话，你就是暂时的浮亏。按照规律睡觉之前也要平仓，那你就认栽走人。在没有被止损的情况下现在是浮亏，要睡觉了，要把它平仓，你里外里是不是吃了亏了？这是有大方向的。有大方向的人第二天进场怎么办？你今天赢钱了没赢够，赢了一点点，你第二天进场怎么办？你进场你就会患得患失。如果第二天是一个调整回调的行情你又怎么办？赔钱，就平仓，认栽走人，睡觉之前必须平仓，这是有大方向的人。没有方向的人那就更不用说了，接着看分钟图瞎玩。我为什么比喻拳击手，如果你跟对方去拳击，你现在已经吃了二到三个亏了。也就是说你上场的时候绑着一只手，蒙上一只眼和对方在打拳。这还是好的，大多数朋友不管什么行情，一天 200 点、300 点的行情我不管，还有理论，理直气壮，我只吃 20 点、30 点就走人，我就高兴了，这是老师教我的，老师就这么告诉我的。我没法再玩了，因为后头的行情跟我没关系，我也不眼馋，我就只吃 20 点、30 点。老师也没教我加仓，我也不懂什么叫加仓，有的人这是守得住规律的。大多数人是守不住规律的，手还欠，怎么办呢？再进场。新手又都爱抢个回调，做个逆势，把调整当调头，赢钱赢不到位，输钱每一次都落不下。大家想一想是不是这么个状况。

做单就要做短线

袁 Sir 告诉你不一样的外汇 6

切勿把时间和空间
都变成了敌人

在之前的章节里诋毁了止损，打击了日内超短线，这一章议题更得罪人。"小资金就可以参与"难道这也错了吗？这可是吸引我们从事这个行业最大的优点啊。我不多说，只问大家一个问题，你如果想走海路去美国，是砍一棵树做个独木舟去？还是乘一艘万吨游轮去？哪个更靠谱一点？不言而喻吧。在这里用两句话回答这个问题："风平浪静也得死，惊涛骇浪吃喝玩。"小钱加上超短，平台直接把你放在 B 组中，你根本没有死在国际市场上，因为没有必要。直接丢到游泳池中，大家对冲掉就算了。国际市场也主要是靠这些无尽无休的小钱来支撑，我给大家一个公式："大资金对技术的要求相对较低，小资金对技术的要求相对要高"。可怕可叹的是，有大资金的人，技术一点也不低，掌握大资金的人技术经验水平往往都很高。

　　今天再给大家提出一个问题，我给大家出一个方程式，

切勿把时间和空间都变成了敌人

是止损＋日内单＋小资金＝什么＋什么＋什么。大家是否还记得第三章我提出的问题。我们一起来回忆一下，从业者做单，有做多的有做空的，不管什么比例，为什么90%的人都亏损？这是为什么？说不通，应该是一半对一半。如果有一个人和所有的人做对手单，那这个人会怎么样？做市商，为什么总会赢，除去手续费这个因素，做对手单的这个人为什么会赢，我告诉你，如果一个人，跟你做对手单，你做空他做多，你做多他做空，一切一切跟你反着做，你平仓他也平仓，这个人一定要赢，因为90%的数据在那里。但是这个结果，大家有没有反思过，原因在哪里，又是为什么会出现这种情况。

其实还是那个拳击的理论。为什么人家总会赢？因为你和人家拳击。你给自己人为的设置了好几个障碍。人家做市商，四仰八叉的，没有设止损吧，没有设止盈吧，大大方方接你单，你随便出牌、出招，爱什么时间平仓什么时间平仓，什么隔日单隔月单，无所谓，随便你出招而且还放贷给你，给你200倍的杠杆，为什么人家还能赢？大家考虑一下。

回过头来看看我们自己怎么做单呢，为什么说人为地给自己设置了好几个障碍呢？我们来分析一个障碍，你给自己设置了一个电线，美其名曰是保护自己别掉下去，掉是没有掉下去，碰上就电死一回，流完血止血，再战；还给自己设置了一个时间，睡前结账，不管输赢。赢钱赢不到位，浮亏认栽走人，睡醒了，挣钱了平仓有多美。不行，这是不符合规矩的，你要守规律，美其名曰睡个好觉。我们生活在时间和空间里，时间和空间应该是我们的朋友，我们做单也是利用时间和空间。大家想一想我们的横轴坐标是不是时间，纵轴是不是空间（点位），我们要在时间和空间这两个设定的条件里面做文章。现在时间和空间都变成了我们的敌人，止损就是把空间变成了敌人，日内平仓就是把时间变成我们的敌人，再加上小资金，没有承受的能力不能抵抗风浪，而对手盘时间和空间都是他们的朋友，再加上资金的优势，人家给你杠杆就是贷款给你呀，对手吃定你了，算定你赢不了。所以这就需要我们好好地反省反省了。

切勿把时间和空间都变成了敌人

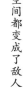

袁 Sir 告诉你不一样的外汇 7

你现在不适合聊心态

上一章的方程式解出来了吗？小资金加日内单加止损等于什么？

我先说几个题外话，这是个很不简单的一件事，也是不受欢迎的事。就像前几年，大家都是喜欢听房价太高马上就要崩盘了，喜欢一些经济学家、专家和各种各样说这些话的人。可是出来一个任志强，他告诉大家房子要涨价，你要买赶紧买，不管是投资还是自己要住，都要买。他说完了这些实话之后引来了无数人的声讨。几年过去了，大家有反思没有，你当初如果听了任志强的话买了房，不仅保值还赚了很多钱，现在居有定所，安心地去创事业，你也不见得感谢他，那些没有买房的人也不见得检讨自己当初为什么要声讨他。所以说，说实话的人也可能不会有好结果。而且我们都是普通的老百姓，都有一些思维的局限性。其实很好分析，你如果是一个经济学家，我问你，你

你现在不适合聊心态

有没有房子，如果你没有房子，你怎么配经济学家这几个字？如果你有房子，你的孩子也有房子，你为什么阻止我们买房子？大家分析一下很简单的一个道理，我在这里跟大家也没有什么利益上的纠葛，所以我希望大家平心静气，好好想一想我说得对不对。小资金加日内单加止损等于浪费生命，浪费金钱，浪费精力。自己好好分析一下是不是有那么一点点道理。

也有人说了，不对呀，有好多职业的交易员也做日内单，人家也止损，人家也赢利呀？他说得不错，但是我提醒大家一下，职业交易员手里掌握的资金动辄千八百万，我的方程式里第一个写的就是小资金，大家不要误会了。而且关于资金的公式上一章说得很清楚。大资金对技术要求相对低，回旋余地大，可操作空间大，可以化敌为友。小资金对技术要求相对高，没有回旋余地，不具可操作空间。这都是真理啊，虽然大资金对技术要求低，可是人家技术都很高。人家是走钢丝的技术在平地里玩，大家是走路摔跤的技术上钢丝上跳舞。问题是大家不知死活，还都上去了。这个钱多钱少对于操作和心态等各个方面都是不同的概念。股票一变动，马云的身价跌了好几十个亿，很多人一听非常痛快，高兴。可是人家马云都不知道这个事，钱大钱小是两码事。

今天再聊一下时间利用率的问题，绝大多数人坚守着这些规则：周一没行情不做单，周五太诡异不做单，不持隔夜单，夜里有数据风险太大，不持隔周单，周一会跳开，月初日不做单，月末日不做单，季度初日不做单，季度末日不做单，有数据不做单，放大假日前不做单，放大假日后开盘日不做单。如果这么玩，我劝您就把账户给销了，别玩了。我再强调一遍，时间是我们的朋友，财富与时俱增。

那么风险怎么化解？在接下来的几章内容里都会帮大家解决掉。对于做短线、超超短线来说这也是个必然的选择。他们这种做单的策略只能是这样做单，把时间都浪费掉，时间利用率不到30%，甚至连20%都不到。还有一种说法是赚点钱就出场，后面的行情不要眼红，少赚钱就是心态好，难道多赚钱心态就不好吗？有好多的事、好多的话，咱们都可以用反问来检验一下这个话对不对。心态

你现在不适合聊心态

好一定可以赚钱吗？心态好就可以赚钱，那我们大家都应该赚钱喽，那 90% 的人赔钱又是怎么回事呢？根本解释不下去。心态这个词不知道是从哪年开始流行的，动不动就是心态好啊，心态坏啊！好像心态能解决一切，解释不下去的事，就拿心态来说事。自己找些理由来骗自己。我们要先学会赚钱，还没赚钱，天天赔钱，心态好不到哪里去。你赚不到钱，跟你的心态半毛钱关系也没有。有些人没真本事除了聊心态聊心灵鸡汤就没有什么可聊的了。还有一个就是仓位要小，小单只用 1% 的资金来做，赔了可以捞回来啊，这样的出发点就不好。资金必须以一当十，但还不能增加风险。怎么充分利用？那就要利用交易规则让资本利滚利，充分利用。

　　这几章里涉及很多的信息，大家完全可以根据这些信息找出自己的误区，规避误区，利用规则重新建立自己的系统，试验，完善，补充，重新试验，失败，再试验直至成熟。这个过程一般人要用 3 到 5 年的时间已经很幸运了，因为他们已经有了 3 到 5 年的经验，还在努力，还没有溃退，还没有放弃，走上正确的道路后还要三五年的时间来完善，用时间、金钱、挫折、血汗、眼泪来完成这个艰巨的任务。

　　章末，我再提出一个问题，假如人民币在跌，（其实根本就不是人民币在跌，而是美元在发疯，因为美元的发疯造成了全世界其他货币相对在贬值），很多的老百姓去柜台换美元，我们是外汇从业者，从外汇从业者的角度我问你，他们现在用人民币换美元这种做法是对还是错？

你现在不适合聊心态

袁 Sir 告诉你不一样的外汇 8

海燕啊，你长点儿心吧！

这一章还要探讨一下关于交叉盘的问题和锁仓问题。讲之前先来说说上一章遗留的问题，上一章我提的问题是2016年底、2017年初发生的事，很多的人到柜台用人民币去抢购美元，这种做法是对还是不对？我不知道大家是怎么考虑的，我现在就从几个方面来回答，这个问题我要多引申，多讲一点。

　　第一，从普遍意义上，从做生意的门道，做生意的规矩，做生意的道理来讲，应该是低买贵卖。先用普遍的一个道理来讲，我们做生意是不是逢低进货，价高出货，但是为什么市面上那么多人，偏偏不这样做，偏偏在房子涨价的时候去抢房子，跌价的时候不进场。猪肉、大蒜、当归、玛卡市面上贵了，抢不到，买不到的时候才去养，才去种。等你的东西上市之后，臭遍街，不好卖，大家就不种了，不养了，到时候就贵了。我不是农民，但是我看中

海燕啊，你长点儿心吧！

央 2 套经济台、中央 7 套农业台，我的耳朵里都磨出茧子来了，我都知道逢三六九，也就是 03 年、06 年、09 年、13 年、16 年、19 年，逢三六九猪肉涨价，农民兄弟你就提前一年养，不就赶上这个节奏了吗？或者说按规律指导，当然如果大家都按照这个规律，也就没有这个规律了，所以市面上很多东西，都是人类行为学上的一些东西，你一定要知道，你一定要站在少数的一方，你才能够赚钱。为什么有钱的人是少数，就是因为大多数人浑浑噩噩，不走脑子，根本就不是有钱人占了穷人的资源。房地产你怎么限购都解决不了穷人等着崩盘的负面心态。话说回来，按照专业的外汇来说，2014 年 2 月，如果你抛人民币买美元，那你就是大师。现在该出手卖美元吸人民币的时候，你却反着买。你如果前几个月买英镑买澳元，因为价低，价低的时候吸，这才对，低买高抛。第二，我分析一下国人的心态，很多人，张嘴就瞎说，前几年中国持有美国国债 4 万多亿，民间怨声就不断，你不懂就不要乱讲话。现在国家都在抛美元，抛美债，一些人又出来了，原来外汇多的时候怨，现在外汇少了也出来怨，这活真是没法干。"外汇少了，崩盘了，快换美元吧。"国家现在都抛，你却来抢。从政府层面，又不可以把话讲明，只能为了保护老百姓，临时规定不要去国外买股票，不支持去国外买房产，规定一些限制，不让抢购美元。其实是在保护你，保护大家。借用小品演员宋小宝的话说："海燕啊，你长点心吧！"这个世界上把生活过好了，其实不是多难的事。不是因为某些少数人聪明，而是笨人太爱耍小聪明。

　　我为什么要多说一点呢，我们做外汇，外汇图表的上下高低，跟我们的心电图，心脏跳动，脑电波，跟世界上任何事情的回转、高低、波峰波谷都是一样的，其实它是人类行为学。不只是研究外汇的 K 线，波峰波谷。你如果对人生、对社会、对国家和国际形势没有一个概括性的大体的正确的思维认识，你是干不好这一行的，股票就更玩不好了。

海燕啊，你长点儿心吧！

袁 Sir 告诉你不一样的外汇 9

小心人云亦云的糖衣炮弹

接着上一章的话题，我们说到做外汇要当明白人，要综合市面上各种各样的信息，包括谣言，怎么样能够正确地分析，怎么样能够正确地看待问题。如果你对市面上一些事情你都弄不明白的话，你是干不了这一行的。因为我们不能像一些专业大公司的交易员，后面有研究的团队，有一个非常系统的一个后勤保障系统，我们需要靠自己，所以你要身兼数职，我们对各个国家政策方针、对经济层面上的东西要有所了解，你不能经常上当，你不能对市面上一些东西没有正确的认识，如果那样的话，你是干不好这一行的。

　　接着上一章的议题我还没说完，很多社会上的混乱的想法和谣言，各方是不方便直接做出回应的，不能解释，不可以把话讲得太透明，这一点大家应该理解。我说句很简单的一个事，外汇这个事，就不能讲得太透明，因为从

小心人云亦云的糖衣炮弹

专业角度，就是说如果你是上市企业的高管，你如果跟你的亲戚朋友或其他的人把有一些内幕的事讲出来，你这是一种泄密行为，是在犯罪。懂得证券法规的人都应该懂这些。但是我们从各种表象里面应该能够看得明白，当然一些民间人士说出来就不牵扯泄密问题，所以我们要在林林总总各种的报道当中甄选正确的。大家都可以回忆一下近些年的一些案例是不是这么个情况。外汇行业也是如此，特别是从 2008 年美国金融危机之后，专业金融人员赚了巨额的财富，老百姓压根就不知道，还不懂装懂在那儿埋怨。还有的专家不知道出于什么目的，大加贬损，对外汇根本不懂，连造谣带抨击，鼓动不明真相的人跟着起哄，话里话外就是人民币崩溃论，中国经济崩溃论。中国的经济不能活了？13 亿人 14 亿人吃喝拉撒衣食住行，怎么就不能活了呢？很简单的道理，我们生下来的小孩，每天都在成长，我们原来的经济每年增长百分之十几，那是因为我们的底子太差了，我们改革开放初期当然增长很快。我初一的时候 1.65 米，初二的时候 1.75 米，初三的时候 1.85 米。很简单，青少年是长个儿的时候，我们国家的增长也是一样啊，每年百分之十几。等我们到了中老年身高自然不会增长了，我们的经济增长率越来越少很正常。就因为增长率没有曾经那么高了就让一些人说一些不负责的话，去换汇去抢汇。这种或许无意识的事情如果转化成了恐慌性的抢汇，全民都这样干的话那就真说不定变成了灾难。货币是有自己的运行区间，有自己的运作规律的，涨、跌、贬值、升值都非常正常，有的时候跟国家的经济有关，有的时候是引导国家经济，都是有自己的运行空间。货币增值，涨起来对本国不见得有好处，货币贬值不见得对本国有坏处，日本的安倍首相就拼命地让日元贬值。货币升值对出国购物、留学有好处；货币贬值对出口方企业结算有好处，会多赚很多钱，对出口有利。

下面老话重提90%的人赔钱，这是果。有果必有因，有因必有果。90%的人赔钱，没有找到原因，没有明白原因是什么，找错了原因，还不会有好结果。大多都是找错，认为是由于自己技术不好造成的，我现在帮着大家找对因，先不急着做事，做任何一件事都有哲学思想来指导，没有一点大的思想小事也做不好，任何事情必须有理论，

059

小心人云亦云的糖衣炮弹

有实践。实践是检验真理的唯一标准。什么是真理，就是真理论，这个真理是随着时间和空间改变的，解放前这个事就不是真理，解放后也不是真理，改革开放之后它就是真理，改革开放了到现在也不见得是真理了。为什么要不断地改革，要深化改革，改革就是革命。随着时间空间不同，随着条件的不同，我们就要革命就要改革，我所说的有理论还要有实践，实践行不通理论就有问题，抽丝剥茧，这是浩大的一项工程。

再谈一谈直盘和交叉盘的问题。大家多数应该都明白什么叫直盘、交叉盘，为了防止一些不明白的朋友，我在此简单地做些解释，直盘货币中一方是有美元的就叫直盘，美元有时候放在后面叫镑美。镑美是什么意思呢，就是英镑是产品，美元是货币，一英镑值多少美元。但是美瑞、美日呢，就是美元是产品，瑞朗、日元是货币，一美元等于多少瑞朗，一美元等于多少日元，大家这些知识一定要知道。有美元不管放前还是放后叫直盘，没有美元的叫交叉盘。为什么老师让我们做直盘不让做交叉盘，是因为老师说交叉盘风险太大，所以以讹传讹就一直流传下来。简直就是笑话，风险太大这是什么理由，我们这个行业是投资中风险等级最高的一个行业。在国外，不是一个人随随便便就可以参与有杠杆的外汇交易的，还是中国比较自由。中国谁都可以玩，虽然国家没有建立这方面的一些机构，但是允许民间在尝试。风险正是这项投资的魅力所在，我们超值的收益就是因为承担了超值的风险所得到的收益。风险是在你会做的基础上产生的叫风险，我本身就是会做这个行业，才提得到有风险。我们要正确理解风险的含义，举个例子，如果让一个什么也不懂的人去开飞机那不叫风险，那叫冒险，而让飞行员去开飞机那叫工作中有风险，有风险等级，他的风险等级比在图书馆当图书管理员风险等级要高很多，他的心理承受压力风险要高很多，但是对于他来说也只是一个工作。不会做就去做，我不会干这事非要我去干这个事，这种行为是跟风险扯不上关系的，不是风险的问题。再具体来说交叉盘，在同一时间内交叉盘的行情比直盘一般来说都要大，分析盘面要综合分析，相关的货币对要综合地分析，不是你做镑美就只看镑美，要同相关的货币对综合分析，一开始是一头雾水的，看一个

小心人云亦云的糖衣炮弹

货币对都看不明白,其他的正相关负相关等等确实比较复杂,很多人在某一时段内看到的是正相关,它升它也升,它跌它也跌,之后在脑子里就有一个固定的模式。不是的,黄金跟美元有时候是正相关,大部分时间是负相关,有的时候大周期是正相关,而小周期是负相关。起码要看盘 1 万个小时以上,说不定就开窍了。如果看盘一天 10 个小时,要达到看盘 1 万个小时,需要四年的时间。曾经有一种说法,一个人认真专注某一件事,1 万个小时以后,不管是弹钢琴、拉小提琴、学外语,你几乎可以成为专家了。我们这外汇也是一样的,你一天要看 18 个小时,两年多就完事,但是还要看,不是完事,这只是刚开窍。

行情最大最过瘾的是镑日,打个哈欠伸个懒腰都是二三百点。再用镑日举例子:镑美空,美日空。镑美空说明英镑在跌美元在涨,美日空说明日元在涨美元在跌,这两个货币对叠加的结果是镑日空的会更多,大家理解吗。镑美空,美日空,镑日空得就更多,因为日元相对美元在涨,英镑兑美元相对在空,所以镑日空的就更多,英镑在跌,日元在涨,镑日会空得很过瘾很过瘾。

下面谈一谈锁仓的问题，锁仓对于大多数交易员来说根本就没有这个概念，太多太多的书和老师都说了，锁仓容易解仓难，难吗，不是难是不会。话又说回来，做日内单根本不牵扯锁仓的事，对于做波段和中长线，锁仓就太重要了，你一定要学会，方向对了两头都赚钱，还不占用保证金，可以锁住利润，可以锁住亏损比强行的止损要强多了。而且锁仓利用好了还可以防备黑天鹅，这些具体的东西要以后再讲，先讲这么些，以后慢慢仔细讲，到了3D 操作系统的时候还会再说。

小心人云亦云的糖衣炮弹

分析师大多是马后炮

这一章结束后，基本上把我们赔钱的原因，病根都找到了。找到病根后，我们要建立自己的赢利交易系统。大家多动动脑子，我们的系统就是把原本错误的方法去掉，改成对的方法。单个的方法对了之后，这些对的东西在一起又不是简单地强拉硬拽，生搬硬套地叠加，还需要互相配合调整，做到利益最大化，把风险化解，或者减小到最小。当风险减小到可以承受，可以和你的收益形成一个正确的风险回报比，也就是我们经常说的风报比的时候，这个浩繁的工程才算是做完了，再回头看的时候也会觉得简单多了。但是你在摸索研究出正确的系统之前，面对的是一个个很难跨越的高峰，不断地做实验，一个条件里面包含很多小条件，小条件每一次的调整，每一个参数的调整，整体结果都会有相当大的变化。这是一个浩大的工程。

　　这一章我们重点来说一说资讯，在这个资讯爆炸的时

分析师大多是马后炮

代，自媒体时代，这个时代有好处，也有坏处，大家对资讯要仔细地甄别。有许多的资讯是别有用心，让你上当的。有一些资讯或者是分析，是看了 K 线图之后，为了配合 K 线图编出来的，都是一些马后炮，牵强附会。本来你自己的预判是对的，你一看资讯就害怕了，反而做了错误的判断和选择。我们自己也别瞎分析，英国脱欧，希腊脱欧，到底欧元是该涨还是跌，涨有涨的道理，跌有跌的道理。黄金暴跌的前夜，还有专家说要涨，说要涨到 3000 美元一盎司，我说这话是 2012 年的事。人家说得也没错，他没说哪年哪月会涨到 3000 美元一盎司，大家看到这些资讯，看这些消息，要有自己的思路。其实一切的新闻都化在 K 线图里面，看 K 线图就可以了。专家的预测不可全部听信，什么美国的某投资银行、什么德国的某某某银行的分析师，都要辩证地去听。非得听信怎么办，忍不住怎么办？听信也可以，做单的时候反着做，他说跌的时候你做多，他说多的时候，你做跌。举个例子：前几天几乎所有的分析都说特朗普先生当上美国总统之后，美国的股市会立刻崩盘，美元崩盘，黄金暴涨。结果呢大家看看现在的 K 线图，坑了多少人，正好相反。崩不崩，什么时候崩，自己看 K 线图分析。

那我们可以听点什么呢，听点事实的东西，一些统计数据，但是听完了，你自己也未必能够分析得出来。不管谁的预测，都不要当真。预判，看似很高大上的一个词，翻译成俗话就是瞎猜。与其让别人瞎猜，忽悠自己，还不如自己瞎猜。数据本身就处在造假的时代，不是数据指导 K 线。应该练到什么地步，你应该练到从数据出来的前一二天，和当天的 K 线，你就能知道今天的数据是什么。关于黑天鹅的说法，我也需要澄清一下。一年内如果出现 80 个黑天鹅，那就不是黑天鹅了，那成炸鸡腿了。不可知的、突然的、无法防范的事叫黑天鹅事件，可规避的都不是黑天鹅。瑞朗事件是黑天鹅，英国脱欧、美国大选都不是黑天鹅。如果你害怕，那几天你不玩了，不做单了，你就规避了，能够规避的就不是黑天鹅。很多人还盼着这种事件，觉得这样做行情非常过瘾。黑天鹅怎么防，也不是说没有办法，但是对于日内单是无所谓，因为你有止损，小仓小单，黑天鹅对于做日内单的朋友，不是一个

分析师大多是马后炮

事。但是对于做波段中长线的朋友，这就是一个你要必须面对的一个难题。关于新闻呢我再补充一点，某日人民币升了 600 多点，在人民币升 600 多点之前一到两天，我手机的腾讯新闻里有一个财经的新闻，美国某银行和许多国际专家都说人民币要跌到 7.3，我不知道以后会跌成什么样，这回升成 600 点，也不能说明今后就不跌。大家不要认为，我现在说完了，人民币就是要涨，这是不一定的。以后具体说到 3D 操作系统的时候，我再跟大家说，涨跌预判的问题。我们根本就不做预判。前些日子，英镑跌，英镑跌到哪儿，跌到什么时候，哪天跌到哪儿，这根本就不是我们预判的范围。我们预判什么，我们预判它一定会跌到位，一定会涨起来，不会无限地跌下去，我们就判断这个就可以。判断这个之后，根据这个结论，我们就可以有一个正确的对付它的办法，一个操作的办法。现在人民币跌到这个地步，这就是一个介入的非常好的时机。用我的系统，我在两个月之前，就已经做多人民币了，我怎么赚的这个钱，我怎么不怕它继续跌，这个学问慢慢说。但是为什么人民币暴涨 600 点的前一天会出这个新闻，这个新闻我相信又害了很多人。随着人民币前几天暴涨了 600 点之后，一些网上的文章，一些民间的专家，马上看着 K 线图，又写出了绝好的文章。为什么我要补充这一点呢，一个是说预判的新闻你别完全听信，听完上当。

分析师大多是马后炮

巧用杠杆撬动风险

我打算和大家分享一下关于杠杆的知识、平台的知识。这些知识平常是没有人告诉你的。我也不敢说我介绍得有多么全面，但是都是用时间、金钱和眼泪换来的，并且经过了系统的提炼和总结。有的人经历了各种各样的事情，但是不会总结，所以就经常在一种问题上重复地吃亏。

　　关于杠杆，有一个简单的说法，杠杆越大，风险越大，杠杆越小，风险越小。这种说法不仅是不专业的，而且可以说是愚蠢的。没有杠杆就没有风险了吗？在国内做股票没有杠杆，为什么那么多人赔钱。现在政府也打击配杠杆的这种事情，这种股票配杠杆的配法也是非常危险的。如果你用 1 万块本钱做股票，我可以借你 4 万块，完事之后呢，只要浮亏达到 1 万，浮亏 20%，我就强行平仓，就是把你的本钱全部赔掉了。这种外部的杠杆对国家，对股

巧用杠杆撬动风险

票市场伤害是很大的。因为 80% 的钱是体外的钱，没有进入股票市场，但是能把股票的指数提高抬起来，本来只是跌了一点点，结果通过这个杠杆就放大了 5 倍，所以说国家在这些方面的管控是很严格的。

股票是没有杠杆的，依旧会赔钱，为什么？有的人听到随便一个解释也不去反思就相信了，大家最好反问一下，那么这个问题的答案就比较明了了。我们不仅要有思辨的能力，还要会反问问题。杠杆是非常好的一个东西，任何好的东西用得太过激了，就成了坏的东西了。水，空气是好的，但是水喝多了也会中毒，氧气吸多了也会中毒。更不要说什么可卡因了。鸦片本身也是药品，你用好了就是仙丹，用不好就是毒品，我们平时喝的酒也是一样。杠杆没有那么邪恶，杠杆可以撬动平时轻易不能挪动的物体，我们中学物理课上都学过。如果没有杠杆我们就玩不了外汇，买卖一手要 10 万美元，没有办法玩。杠杆越大，买卖一手用的本钱，也就是保证金就越小。也就是说在相同的条件下，杠杆越大，本金是一样的情况下，用的保证金越少，保证金比例貌似越保险。如果你是一个臭手，有没有杠杆，就是赔光了拉倒。还是我前面分享的那样，风险对不同的人意义是不一样的，对于不会干的人根本就不是风险问题，那是自杀，风险只有在你会玩的情况下才叫风险。普遍意义说，有杠杆预期的收益会放大，但是赔钱的可能性也会放大，这种说法也对也不对。但是比前一种说法就客观、科学多了。一样的本钱，杠杆小，你做单的数量就少。如果杠杆有大有小，你做单量是一样的，这种情况下，如果做反了，杠杆小的，崩盘快。但是崩盘之后，你还会剩下很多的钱。杠杆大的扛的时间长，如果你扛过了，最后的行情按照你预设的行情走，你不仅没有崩盘，而且还赚钱。如果崩盘了，你剩下的钱会很少，甚至倒亏钱。这个时候剩一点点就叫作爆仓，倒亏钱就是欠平台的钱叫穿仓。你这个账户欠平台的钱，崩盘了。按理我们要给平台赔钱的，但是基本上平台是收不回这样的钱的。主要还是你有没有赢利能力，能不能赚钱的问题。如果你有赢利能力，杠杆大小都是你赚钱的有利武器。我们中国人很幸福，可以选择的余地非常大。在香港证监会允许杠杆合法杠杆只有 20 倍。一位业界人士告诉我说日本合法的杠杆只有 5 倍，我没有在日本开过户，所以我不知道是不是真的这样。我知道美国对玩外汇保证金的投资人资格的审查是十分严格的。

杠杆和平台的关系是这样的，信誉好的，比较靠谱的大平台，杠杆一般都很小，最大的是 200，有的是 100，有的黄金、镑日，只给 50 倍的杠杆。小的平台，一般的没有那么出名的平台，杠杆一般的情况下都是比较大。当然也不是一概而论，有好几家不错的大平台杠杆也很高。1000 倍、2000 倍的也有，据我所知开户的都是非常小的资金，客户都很小，几百到几千美元。一般的基金经理和大的资金操作人员是不会在这些平台开户的，他们都是一些零售平台。

关于平台的知识，我也是在稳定赢利之后，才慢慢掌握。因为赔钱的时候和平台相处得都很好，赚钱之后才知道水是那么深。我还是比较幸运的，没出过大事。曾经有一个平台公司，不大不小，跟我耍赖，耍赖之后也把我赚的钱给我了。这个时候我不得不学习一些平台知识。行里的一些朋友告诉我，不要不舒服，不要有什么阴影，很正常的，都是这个意思。一般的小散户，平台公司的风控一般就把你放在 B 组里，就等于在自己的平台对冲掉，这也是符合国际惯例的。如果你是走运赚的，碰上好行情赚的，人家不理你，你赚的钱取钱出金都没问题的。我被平台轰出来的时候，我的客户经理跟我说，英国方面的后台研究了你的单子和你的软件后决定不和你合作了，公司说不欢迎你，我们中国员工也没有办法。很多人还从心底笃定地认为西方人有契约精神，我也为这些人感到悲哀。这种公司只要他们后台看到了你的手法是系统的，是有组织有预谋的，有思想体系的，持续赢利的，公司就会把你赶走。这就逼得我不得不学习平台的一些知识。由于现在中国外汇人才和管理经验都不是很足，所以国家层面还没有对此业务完全开放。国外公司在国内都是以办事处的形式来开展服务，国家对于这种平台还没有一个完善的管理机制。国内很多平台都是第一拨玩外汇的人开的，当初他们没有赚到钱，就改去开平台了。当然并不是说这些平台不合法，他们多是在国外得到了监管，所以说也是合法的公司。目前在国内单纯骗人的外汇公司已经很罕见了。但是

079

巧用杠杆撬动风险

我们根据自己的操作系统能够找到合适的平台，也不是很容易的一件事。

袁 Sir 告诉你不一样的外汇 12

选对平台
对稳定赢利来说很关键

大牌的平台公司在网上都能够查得到，想要了解一些排名靠前的平台公司都可以从网上查询。大平台公司在注册上稍微麻烦些，出入金相对不方便，这也从另一个角度讲说明他们管理的严格，这对于投资的人来说也是好事。大平台公司的杠杆就像我上一章讲过的是比较低，有的甚至不允许用自动软件的，还有的最小的下单必须是0.1手。这些不见得对每个人适用，当你没有建立自己的系统，处于瞎做状态的时候，你对这个东西就是不敏感的。在你建立了自己的系统之后才会感受到平台的重要性，大的，有名的，未必是适合你的，大多数人也还到不了那个层面，基本上和这些超一流的平台打不上交道。有些平台对你的入金量，每个月的交易量，都是有要求的，小的资金人家还不伺候。有的平台对我来说，也不太适用。好不容易遇上一个又靠谱又非常规矩的公司，杠杆还不错，相对比较

选对平台对稳定赢利来说很关键

大，但是公司控制做单量，挂单和成交单要限制在 200 单以下，这对于一般人来说足够用了，对于我的系统就不太够用了，因为我的单子平平常常都是在 1000 单以上的。所以，选平台也是一门学问。我们的杠杆是平台给到的，平台的杠杆则是银行给的，银行给平台的杠杆一般是 5 倍到 50 倍，所以正规的公司理论上也不会 100% 地保证不会破产。公司的性质就是这样的，它能够成立公司，也许有一天破产了做不下去了。银行都不会保证一直开下去，保险公司也不能保证一定不会破产，平台公司也是一样，破产了的公司也并不见得就是骗子公司。因为如果遇到极端的事件，平台给你的杠杆高，银行给平台的杠杆低，等于平台贷款给客户。如果遇到客户欠平台钱，同时客户也赔钱了，平台公司又收不上来这种钱，那么平台就要和流动性供应商以及银行结账，如果赔不上了，就会破产。当然我们做单还做不到一定的高度，也用不着研究这么多，到了稳定赢利的时候再研究也不迟。

现在说一说学习和参加培训的事。我现在学习到了这个层面，都是打听到了谁是业界的高手，花非常大的代价去请教。这个行业的特征，不像是演艺行业，越出名越好，甚至说有名了才能得到利、赚到钱。我们这个行业的特性就是低调，所以多数人都不知道谁是真正的高手，一旦知道了高手在哪方面特别棒，我们就要花大的价钱去请教。我举一个例子，我的一个老师曾经给我讲他自己的故事，他为了向一个台湾的高手学习一招，到高手下榻的宾馆给人家下跪感动人家，最后花了20万人民币，学了半个小时。高手教他这一招用了10分钟，另外的20分钟都是闲聊天，因为都是高手，一点就透，就像大家抢武林秘籍一样，不管哪位得到了，点拨一下就意会了。当然也不见得无人点拨就自己琢磨不出来，这也要看运气，外加大量的时间、金钱、人力、物力等。所以能够找到高手去学，让人家点拨一下还是非常非常划算的快捷方式。我们刚刚进入这个行业的朋友们，学一些基本的操盘知识和MT4的操作知识就够了。升级到中级以上的水平，如果还没有退出这个行业，没有阵亡的话，那时候如果有机会认识高手，去学习，也是来得及的。在这里我有必要提醒大家一句，如果你是看到广告就花大价钱报名参与大师教你有什么法门赚

选对平台对稳定赢利来说很关键

钱，那你一定要好好地考虑一下，据我了解，真正的大师并不是那么亲民的。有一本书叫《海龟交易法则》，不知道大家是不是看过，书名看起来是教你方法的，其实书中主要讲述的是两个交易员打赌的故事。一个交易员说优秀的交易员是天生的，是不可以复制的，不可以培养的。但是另外一个叫丹尼斯的交易员说不是的，是可以复制的，如果我带他们，他们听我的话，按规矩来，是能够成为好的交易员的。最后果然丹尼斯带的学生基本上都成为了投资高手。不管怎么说，好的交易员都是稀缺资源。也有人说教学生这种方法是行不通的，必须是带徒弟。要带着徒弟们一起工作，一起奋战，经过几年以后才有可能成为业界高手。成为业界高手当然在选徒弟阶段也是有要求的，不是说所有的资质、所有人都能做这个行业的。

袁 Sir 告诉你不一样的外汇 13

谁是合格的外汇交易员？

做一个合格的外汇交易应该具备什么样的素质和能力呢？大家可能没有意识到，我们正身处在一个云集了世界最优秀人才的一个领域，在和他们博弈。

在这里我要很遗憾地告诉大家，经过本章的分享后，可能会有一些朋友选择主动放弃当一个外汇交易员的念头，这也未必就是坏事，毕竟"坚持就是胜利"这句话不是适合任何人、任何领域、任何情景的。

大家意识到没有，金融行业在所有行业的生物链中，是处于最高端的。我把它叫生物链，而没有把它叫作产业链。这个高端的意思，就是在这个行业，在这个领域，它是老虎、狮子，是鹰，从某种意义和事实上来讲，它通吃其他行业。

一般来讲，金融产业是为第一产业和第二产业服务的，但是现在有些开发过度。当然这不是我们要讨论的范畴。

我们只要知道我们所从事的金融是高端的行业，而金融衍生品投资项目，在这个高端产业中又是最高端的，承受的风险和取得的利润都是最大的。

真相是很残酷的，我们从事的是零和游戏。这就好比我们在一起打麻将，我们除了给牌馆交一些茶水费、台子费以外，盈利的部分就是参与者的亏损。

如果金融业是王冠，我们的项目就是王冠上的明珠。从事这行业的专业人士，是不折不扣的"高大上"。金融专业人士，特别是非常成功的人士，才是不折不扣的高大上。他们不仅会数学、会计学、统计学，还精通经济学、金融学、金融工程学以及心理学和电脑编程，在毕业的同时就已经拿到了几个国际认证的职业资格证书，比如像国际会计师、金融分析师、投资咨询师等。这些人几乎是想考什么就能把什么考下来的学霸小怪人，不仅有最高的学历、最强的大脑、最棒的学习力，而且还有深厚的背景，有丰富的资源、强大的后勤保障以及研究团队在后面给他们做支撑。

我们作为一个正在创业奋斗的个体，凭什么在这个游戏里当玩家？我们要自问一下，我们所具备的是什么装备，我们是炮灰还是可以在这个残酷的博弈当中有存活并且有胜利的可能。

一位权威人士曾经公开通过媒体告诉散户，他不建议作为一个自然人，一个个体，去参加股票投资。他说如果你的面前没有四块电脑屏幕，你都不要做股票。他并不是说不乐意你为祖国建设添砖加瓦，他只是委婉地告诉我们，你如果乐意参与进来，你输钱不要埋怨，你不要抱怨证监会，不要骂国家，因为本身你就不应该参与。

连股票都不鼓励老百姓来玩，何况比股票更加凶险的外汇保证金投资。我们要有适当的数学基础、逻辑数理、统计和总结归纳的能力，还要具备对外界信息进行分析总结的能力，对国际关系、国内外政治经济，以及国际间的政治、社会现象，要有较为正确的认知。再说得通俗一点，如果一个人心胸狭窄，嫌贫仇富，胆小负面，目光短浅，这个人是不可能在这个行业取得成就的。因为这种性格会制约你的判断力和你的分析力。

由于我们大多都出身于草根，很难认识到真正赚钱的导师、教练，所以就需要我们自己花费时间通过实践来总结提高，而这个代价又是相当昂贵的，有多少人能够坚持下来？很多的事情都是这样子的，就像研究汽车发动机、飞机发动机，一定会研究出来。但是要强大的国家实力做后盾，有雄厚的实力、财力、科研能力做支撑，那就容易多了。你试试作为一个个体单打独斗，很多东西都是你承受不来的。所以很多的国家都没有研究这些东西的想法，直接就放弃掉，其实这也是一种明智和成熟的表现。

袁 Sir 告诉你不一样的外汇 14

赚到钱不出事才叫有技术

我原来说过的，做这个行业赚钱靠的不是技术。在这里我要做个必要的解释，我说的这个技术是在战略指导下的技术，是大技术。我们很多朋友现在掌握的其实不是技术而是知识——不完全的知识，他自认为是技术。

　　再举个例子。如果说，我有技术，我会开车，我踩油门车就往前走，我踩刹车，车就停下了，我能上路行驶，我有执照。这不叫技术，你这叫技能，叫常识。如果说你这个都是技术的话，那我端起碗来吃饭也是有技术，我上床躺下就能睡着，也是有技术，这都不能称之为技术。

　　我们每天晚上看天气预报。天气预报说明天29℃，我呢就知道我明天穿T恤衫。预报说明天16℃，我就知道明天我穿西服，或者穿毛衣。说0℃，那我就穿防寒服。这不叫技术，那叫常识。天气预测人员知道明天为什么29℃，这叫技术。

所以我们聊天也好,沟通也罢,必须要同频。我再说一遍,赚钱和技术无关。我说的这个技术就是很多普通的散户朋友你现在运用的那些数据,运用的那些东西。赚钱和技术无关,和运气无关,和行情无关。但是赚大钱和行情有关。话又说回来,这个行情你做对了,和你有关,做不对,爆仓和你有关。起码在我这里,我说的技术和运气无关,和行情无关,那和什么有关呢?和战略有关,和游戏规则有关。战略是什么呢?战略就是时间、空间和力道。也就是说 3D,我起了个时髦的名字,现在流行 3D 打印。我说的 3D 是一个立体的时间、空间概念,以后我会用几章的内容来详细阐述 3D 这个概念。另外还和游戏规则有关。游戏规则是什么呢?游戏规则里面有挂单、多单、空单的挂单,分别有 Limit 和 Stop,还有止损、止赢、跟踪止损、对冲锁仓。那么多的招数,你用了几招?很多的朋友只用了三板斧。做这行有一个有趣的现象,有很多人只会做空单,自己封了自己一个"空军司令"。有的人只会做多单。所以,想赢利就要把自己准备好。

我再说一个利用游戏规则取得胜利的故事。为什么说利用游戏规则能够取得胜利？利用游戏规则，在时间、空间和实力都没有改变的情况下，只是单单利用游戏规则，就能取得胜利。这个故事就是《田忌赛马》，大家都很熟悉故事内容了，我就不再做多复述，孙膑出奇招取胜，就是一个出场顺序的转换，就可以把自己的劣势转换为胜势。所以呢，大家要知道充分地利用游戏规则，充分地利用制定的一些条例，你能够反败为胜。你能够把你实力的弱点，比如资金少，没时间盯盘等等以及什么时候进场，什么时候出场，这些掌握不好的东西屏蔽掉。我利用挂单，利用各种做单的规则，把我的缺点屏蔽掉，能够打出优势来，反败为胜。在这个残酷的市场里面，能够取得胜利。

赚到钱不出事才叫有技术

盯盘 1 万个小时
才有资格问问题

最近遇到很多人咨询问题，想学习，这很好。但是，我不建议新手直接来跟着我学习，你必须盯盘1万个小时，实盘做过单，赔过钱，或者现在能稳定赢利，这样你跟着我学习才会有帮助。然后你才能够问得出我回答得了的、你又听得懂的问题。要不然我们会说岔了就会造成不良的后果。

为什么会造成不良的后果呢？我还得要举个例子，上大学为什么需要考试，说明有一个门槛。大学考试之前还有一个高中毕业考试，毕业考试说明你毕业合格了，但是你上能否上大学是不一定的，要通过大学的这个升学考试才能够决定能不能上大学。这个门槛是非常有必要的，好比我是一个化学讲师，我告诉大学生，给酒精灯添酒精，把硫酸稀释掉。我不会有过多的解释，因为我知道你会弄，因为你要是这个都不懂的话，你不可能上大学化学系。所以我回答问题，你问问题，我们也要有一个门槛，这个门槛就是你要有 1 万个小时盯盘的时间，达到一定的水准。如果没有这个门槛，那我不知道你是什么水平，有的人可能是幼稚园的水平，但是我不太清楚，就容易出现误差。有的时候即使幼稚园水平的人也能够问出很高水平的问题，如果这种情况出现了，就会出现我让你玩硫酸了，接下来就会出事的。因为咱们这些东西牵扯到金钱，牵扯到操作。所以你尽量要把你背景资料详尽地透露给我，你的本金是多少，你大概做单的情况是怎么样的，这样我才能根据你的场景，根据你的实际情况来回答你。先扫盲，先把组词、造句学好，再学习作诗，写文章。

前面用了那么多篇幅，重点就说了一点，那就是超短线日内单是错误的，不仅赚不了钱，而且还会赔钱。有没有赚到钱的，有，一定有，但是我没见过。我不想和朋友们抬杠，你如果非要给我说出来一个张三李四他能够赚钱，10 万个人里头有一个，你如果说出谁来，那就说明他就是凤毛麟角，更说明这种做法赚不到钱。10 万个人里如果有一个人能赚钱，那个人是你的概率也微乎其微。就算你赚到了，你赚到的钱和你付出的紧张、焦虑、沮丧、后悔、患得患失，这些破坏身体的情绪，也不匹配，也不值得，也划不来。那怎么办，做中长线，做波段。不会做，浪费时间，拿不住单，不知道怎么布单，怎么加仓、减仓，怎么办，接下来你就要更认真地学习了。

我之前说过资金越大越保险，资金越小越困难，对技术要求越高。当然我指的是会做的人，你不会做的话，就算有一个亿美元最后也是被赔光了的结局。在我说到大船小船的时候，有一位先生问我泰坦尼克号保险不保险。我觉得不管你出于什么目的问我，我都要正面回答，泰坦尼克号出事了，它怎么出的事，仁者见仁，智者见智。撞了冰山就能说明万吨巨轮是不保险的吗？在我们的见识之中除了泰坦尼克号撞击冰山造成那么多的生命终结，还有哪个万吨客轮出过同样的事故吗？微乎其微吧，而小船的事故有多少就不用说了吧，对比来看是不是可以说明坐万吨巨轮是非常保险的。所以大家要有一定的思辨能力。

袁 Sir 告诉你不一样的外汇 16

巧用时间和空间

效率拉升利润率

前面的十几章的内容，我讲出了赔钱的原因，从这一章开始就来讲讲怎么赚钱，我来帮大家把思路理出来。

当我们选择了错误的做单赢利方式，就会得到错误的结果。就算是选择这种错误的方式的同时运用的是正确的技术，也达不到赢利的目的。由于初起的错误，导致为了维护这个错误，又引出了一系列的错误理念。也就是所谓的为了维护这一个错误，后续的很多动作都是变形的。

现在有一个大家基本上都认可的说法，做单前不要想着是去赚钱，鱼头不要吃，鱼尾也不要吃，只吃鱼身子就好了。很好的一个想法，不吃鱼头，不吃鱼尾，只吃鱼身子。实际上做日内超短线想吃鱼身子是不切实际的，有可能连鱼骨头都吃不到，直接怎么吃进去怎么吐出来。当然如果你会做单，也做对了，做波段，做中长线，能够吃到的都是鲨鱼、鲸鱼。会做了，做熟练了，鱼头、鱼尾从从容容地吃，反复吃。当你吃这个鱼尾的时候，它恰巧又是下一个行情的鱼头，接下来你还可以再仔仔细细地把鱼头鱼尾重新吃一遍。

有的人可能已经在观摩我的账户了，看到我半年前做美元兑人民币，做多人民币，做空美元。不管现在是不是鱼头，反正我已经啃了半年了。我账户里有瑞日，2017年 10 月开始做多瑞日，做了 5 个月的多，吃了 5 个月的鱼头、鱼身子、鱼尾，吃得干干净净。现在又开始做空瑞日，前阵子我跟几位圈内朋友分享了我现在做瑞日，把鱼头吃得干干净净。为了这场战役打赢，我已经奠定了很好的基础，现在已经可以说立于不败之地了，并且开始吃鱼身子了。

在错误的指导思想引领下，所进行的操作和结果最终都会是扭曲变形的。我在小的时候就听到过这样一个广播剧：一个小男孩，在一次事故中把脖子摔歪了，慢慢地他自己习惯了这样的视角，享受这种与众不同的感觉。但是他的父母不希望孩子是这样的状态，东求西问，终于找到一位神医把小男孩医治好了。家里人为他的痊愈感到很高兴，可是小男孩却很痛苦，自从脖子正过来之后，他觉得看什么都是歪的了。他这一辈子最不高兴的事，一件是摔歪了脖子，另二件就是把脖子又治好了。这就是错误的情况下错误的结果，一个人扭曲的心理障碍。

下面我要纠正一个大家耳熟能详的理念。很多人都在追求每年100%的利润，这是不可能的，是要冒着崩盘的风险。当然很多人玩过一天1000%的行情，这不在咱们探讨的范畴的，属于特例。我们说的是稳定赢利，年利润，这个值最多30%~50%。

这个概念之前就与大家分享过，我再重复一遍。5%的人赚大钱，另外95%的人赔钱或者不赚钱，那这5%的人赚了的怎么会是小钱呢。不用多说，按200倍的杠杆来算，如果你有100万的本金，你就当两个亿用，两个亿，每年收益10%，就是2000万，收益1%就是200万。100万的本金，一年连本带利变成两三百万是非常正常的事。不用行情，也不用运气，只是利用时间和空间，把时间的利用率增加几十倍、上百倍，把空间的利用率增加几十倍，在不冒过多风险，甚至降低风险的同时，同样的本金，每年就会带来超常的收益。

要当就当机枪手

本章我们着重分析一下回撤，也就是浮亏的问题。在做日内单超短线当中，一般的说法是每一单不可以忍受浮亏达到1%。也就是说1万美元的本金浮亏不可以达到100美元。做了若干个单子，总浮亏不可以超过10%，也有规定在总浮亏在20%以内的，这是极限值。有的机构，风控就把你强行平仓掉了。这对于超短线日内单来说是正确的，因为大部分做超短的人是不明白大趋势大方向的。如果明白，顺势做单，浮亏大一点也无所谓。但大多数的人不知道多空，没有方向地在胡乱地做。

　　如果我们跟着大方向做单，下单的时机就不是关键的要素了。对下单的时机要求不苛刻了，天天就都是好日子，这就避免不了浮亏，对于做中长线的来说，如果能够做到顺势而为，那你所有的平仓单都是盈利单。没有平仓的，一部分是处于浮盈不平仓的状态，另一部分是浮亏不平仓

要当就当机枪手

的状态。

我个人在做单的总体情况，有时候会有几个月，甚至是半年的时间内都是浮亏的状态，但是浮亏并不意味着我每天不赚钱，其实我每天都在赚钱。大家思考一下我是怎么做到的。

有的进场点，赶上最佳的时间，就一直处于浮盈状态。超短和大趋势做单的状态是不一样的，有的人忍受不了浮亏，却能够忍受得了实亏，平仓认栽走人。忍受不了 1% 的浮亏，我形容的就是，只能忍受一艘万吨巨轮装一头猪，所有其他的吨位都浪费掉了。我现在做单子，任何一张没有平仓的单子，都是一个在外面征战的勇士，不打胜仗就不要回来，回来就要有战利品。我在做单的时候，有时浮亏达到 40%~50%，但是给客户做单，我就要考虑客户的感受，一般控制在 20% 以内。允许 20% 的浮亏，一般我们的年收益率是在 80% ～ 200%。允许 35% 的浮亏，收益率一般是在 150% ～ 300%。2016 年我再一次优化系统，重新做了调整，做单时可以在很长的一段时间都处于浮盈状态。

接下来我要讲一下关于仓位的问题。以前我也经常讲赚钱和技术无关，和你知道的一些知识无关，但是和仓位有关，有直接的关系。学会了仓位管理，你就掌握了赚钱的技术。今天我把这些经验统统分享给大家。

我们不要总是妄想去当神枪手。世界上有名的神枪手，苏联有一个瓦西里，中国有一个张桃芳。很多人说这种神枪手的境界是可以练出来的，当然他不练不会成为神枪手，但是这并非完全是练出来的。那我们的资质一般，我们的水平有限，我们的智商也很平凡，怎么办？我们就去当机枪手好了，大方向看准。如果我要下一手，怎么下？我把它拆成 50 个 0.02，30 个 0.03，甚至 100 个 0.01，每隔两个点、三个点、五个点就下一个单子。具体怎么做，每个货币对的脾气不一样，大家要自己拿捏，自己要不断地实践。这样做单子，对我们普通人来讲，是非常有利的。我们不仅做到了小仓，我们的资金利用率也会提高，我们赢利浮盈的单子，浮盈的钱又滚到了本金里，资金的利用率会提高很多。我们这样的做单方法，空间和时间的利用率也在提高，具体做法还是要大家自己不断地实践。

要当就当机枪手

　　我们在很多的分享当中，甚至一些专业的资管分享当中，都能看到这样的说法，1 万美元只允许下 0.1 手。在一次会议中，另外一个资管说，我只允许下 0.05，浮亏 100 美元认栽走人。这话一出口，我就知道他们在瞎猜乱做了。下 0.05，下 0.1，不提加仓的事就说明他做的是超短。做超短浮亏 100 元，也就是反向 100 点，做 0.05，反向 200 点，那这是做超短吗？日内单 100 点止损，那么目标位就是 300 点到 400 点，这还是日内单吗？大家分析一下，他们的策略是不是矛盾的。

　　我们一提起做外汇的好处，马上脱口而出就是 24 小时交易，t+0，有 100 倍、200 倍的杠杆，说的时候顺畅得不得了。做的时候，你做到 24 小时了吗？没有。100 倍的杠杆用了吗？也没有。我们算一笔账，如果没有杠杆做一手是 10 万美元，0.1 手是 1 万美元，你 1 万美元下 0.1 手正好没有用杠杆，下 0.05 手那位资管人员，他的资金效率还不如股票。

　　这几年也没少见专业的交易员，说实话有些人都是在混饭吃，这些人还不如民间的个别散户专业。他们之所以

116

能赚点钱，一是因为资金大，再就是公司的集体行为，有风控，有风险管理，这才能赚点钱。

所以大家根据以上的分享，大家思考一下，怎么样把时间、空间和资金的效率翻番。

做短线就是在做人肉靶子

这几天有朋友跟我联络说自从跟我沟通以后已经脱离苦海，现在不赔钱了，做单也不紧张，不觉得累了。但是还有很多人依旧在云里雾里，以后我会把话说得更通俗一些。

我们现在掌握的知识，比如 MACD、均线、趋势线这些知识用在小周期、分钟图、15 分钟图里，是失效的、变形的，失败率是高的。当我们把现有的知识、经验用在大周期，也就是天图、周图、月图里，进场按照 4 小时，选择好位置进场，就不会赔了。如果你已经有了两三年的经验，按照我说的来做，就能做到赚钱了。这样一来失效率低了，成功率就高了，性价比、风报比就往正确的方向走了。

为什么看分钟图，5 分钟图，15 分钟图，做单失败率高？我再给大家打一个比方。如果你上战场，不知道敌我阵地在哪里，在哪个方向并且这个时候的你是被蒙住双眼的，迎接你的将是来自于八个方向的子弹。在市场里，很可能任何国家的一个讲话、一个政策颁布都是射向你的子弹，甚至是投下的炸弹，就足以在 5 分钟图里掀起惊涛骇浪。

当你把知识应用好，能赚钱了，你掌握的那些知识、技巧、经验才算是变成了赚钱的技术。正确的分析放到了错误的地方，得到的结果也是错误的。既然已经有95%的人在赔钱，还有那么多人拼命参与其中，是想不开？也不是。体育竞技中世界冠军只有一个，大家不也都在参与竞争嘛。结果固然重要的，过程同样重要。

我之所以会把这么多的干货拿出来分享，就是看到有一些团体有意无意地放出很多错误信息，往往这种错误的信息诱导了很多人走向赔钱的路。我想站出来，凭我一点微薄的力量，带大家一起向正确的方向前进。

民间外汇黄金投资者多数
是充当行业的赞助商

最近有人问我成功的金融界人士是怎么个高大上法？我简单地举两个例子，在这里我说的不是做外汇的成功人士，只是在金融界里的成功人士。我说的这些成功人士并不是民间金融公司的一些从业人员。我曾经和朋友探讨过，民间的外汇黄金投资者，在真正的专业人士和市场面前，从生物学意义上来讲，就是一堆肉，存在的唯一价值就是当行业的赞助商。这就像一堆裸体的人，面对一个七十二变的孙悟空，而且还是配备了各种先进杀人武器的孙悟空，那就只能眼睁睁地被他肆意屠杀。

行内高手多是不接地气的，他们的第一条纪律就是保持低调，不接受任何的采访。高手们随随便便就掌握着大量的资金，随便做五手黄金，也就不赚教课这个钱了。而教课的人往往都不做单，就算运气好遇到了高手，一般也付不起高昂的学费。所以就进入一个无解的悖论，一定是

民间外汇黄金投资者多数是充当行业的赞助商

少数人掌握真理。那这些人凭什么那么高大上？咱们还是算一笔账。做这个行业的高手如果把做单记录放到全球所有基金经理都会看的专业网站上，比如 My fx book。怎么说呢，就算是你把你的做单情况放到上面，几天后也会有许多的基金公司找你。给你最小的基金大概是 3000 万美元来操作。至少你会拿到 30% 的表现费、奖励。你管理 3000 万美元的同时，也就是相当于你自有资金有 1000 万美元，如果一年翻一番，操盘手自己也赚了 1000 万美元。何况是那些高手呢。基金也有专业的排名，排名越好，投资得越多。钱在这个市场上不是稀缺资源，很多的养老基金、很多的各种各样的钱都需要投资，优秀的交易人员才是稀缺资源。

很多人做单做到最后退出了这个行业，退出这个行业的时候就变成了一个愤世嫉俗、全盘否定、充满阴谋论的哲学家。你跟他聊天，只要开始说一些"不是市场战胜了你，是你没能战胜自己"这样的话，那就肯定是了。我从不这样，当我赔钱的时候，我就知道我的钱让世界上另外一个高手通过合法的手段、合法的渠道从我的口袋里拿走了。而且人家拿走了，还不谢谢我。我也要变成那个高人。我就找原因，一条一条地破解，一条一条地建立，一条一条地否定，推倒重来，试验试验再试验。希望大家不要当哲学家，不要看透人生，在成为哲学家之前，迅速成熟起来，稳定赢利。

3D 操作系统三要素：
时间、空间和实力

3D 操作系统有三个要素：第一个是时间，第二个是空间，第三个是实力。

　　在这里我们着重来讲时间和空间要素。我们的人生是有限的，这里的有限指的是时间的有限、空间的有限。我们生活在时间和空间当中，就意味着我们是有限的。我们人类的努力奋斗、国家之间的竞争，就是在争夺空间、时间。

　　如果把时间和空间要素具体到我们的常见事物中会更加容易理解一些。比如，众所周知孙悟空是一只具有传奇色彩的猴子，他在生命之初拜师学艺，带领花果山的群猴奔赴小康之路，在他最初的成长过程中闹出了哪些事儿呢？没错，首先就是修改生死簿，摆脱生命的有限时间对他的限制；然后大闹天宫，洗劫东海龙宫，练就了一个筋斗十万八千里的本事，在一定程度上想要摆脱空间对他的限制。再比如，一个国家要有国号年号，"大清康熙帝国"

中，国号"大清"是空间概念，年号"康熙"则是时间概念。

更贴近生活的案例就是我们的衣食住行了。人的生活离不开衣食住行，"衣食"非常容易解决，改革开放以后我们的国家用了相对较短的时间解决了大众的温饱问题；"住"的问题也正在逐步得到解决，这个时候，就要考虑到"行"的问题了。这个"住""行"是什么呢？就是空间的范畴，特别是"行"就是出行，就是"世界太大了，我想去看看"的旅行。当人一旦犯罪，被判刑，也就是在一定的时间限制他的空间，限定了"行"。刑期几年，在某地哪个监狱，而且是在监狱内指定特定的区域内活动。最严重的惩罚，就是绝对地剥夺时间和空间，也就是"死刑"。

综上，时间、空间、实力之间的辩证关系得到平衡，能够相互转换，也就是实现战略的转换，从而在根本上实现战术的转换。试想一下有这样一份立体的投资图表，横轴 x 是时间——年、月、日、分钟，纵轴 y 是空间，也就是我们货币的点位。除此之外还有一个 z 轴。大家想象它是一个立体的，那就是你的资本。你调动 x、y、z 三个轴的能力大小，水平的高低，取决于你的操盘技术，同时也决定了你的赔赚。赔钱就是你调动资源的能力不够大，赚钱就是调动资源的能力充足。这个 x、y、z 三个轴，就是你的战略资源，怎样调动，怎样调整你的战术、打法，这就是你不得不面对的事情。

袁 Sir 告诉你不一样的外汇 21

收入只与时间和空间有关

我们生活在时间和空间当中，一切均与时间和空间相关，我们外汇保证金投资更是如此。我用比较相关的事物来启发大家，大家一定要提升自己的高度。

　　举个例子，如果你在上海的陆家嘴，在东方路、潍坊路、浦电路上，你能够看到什么样的景象？你的视野、你的目光所及是什么样子的？你能够仅仅凭借着你的方向感准确为我指出闸北区在哪里或者南京路在哪里吗？也许能，但很难。那么，如果你在地铁里做同样的事呢？那就更是难上加难了。但是，如果你走几步，到IFC，到金茂大厦，到上海中心大厦的观光餐厅去看一下，一览众山小的感觉就会油然而生。你会看到云朵在你脚下，其他相邻的高楼在你的眼里不再巍峨，你甚至还可以看到地上的道路如何延伸，何去何从。这就是高度为我们带来的视野和胸怀。

以前我抨击超短线日内单，说它不会赚钱只会赔钱，阻止大家去做。今天我要推翻自己。日内单超短线不是不可以做，但是需要你以大趋势的逻辑，以中长线的思维来指导你做日内单超短线。在这样的前提下去做日内单超短线，你就会把时间和空间的效率提高几十倍，在资本金不变，不增加风险程度的情况下，才有可能赚更多的钱，增加更多的利润率。

很多人会问，做中长线我本金那么少，行情来来回回，那么浪费时间，怎么办？怎么办，想办法解决，遇到问题解决问题，没有其他的办法。为什么市面上有那么多鼓励你做超短线的声音？分析一下，他们为什么喜欢你做超短线日内单。我们大部分人是以超短的思维来做超短线，日内的思维去做日内单。这种思维就好比你每天从铡刀底下偷草，这个铡刀恰巧又是一个精神分裂的性格，它的举动你不可预知。你要知道你的手比你要偷的草值钱，并且因为偷草事件，大家已经去医院麻烦外科医生给你的手做手术好几回了，你是否应该长记性而换一种偷法，还是在惰性的驱使下坚持提高技术继续在铡刀下偷草呢。

我在最初做日内单超短线的时候就感到不对头，在认定了方向之后，就着手细节的处理，这个过程用了大概五六年的时间。其间多次想要放弃，不做了，死心了。2012 年底，在黄金最高位将近 1800 美元一盎司的位置，我当时用 FXDD 的平台一直做下来，把一个账户从 146 美元，一直做到 5 万多美元，最后还是被打掉了。如果你只知道加仓，其他的细节不会处理，到了一定的位置，一个小小的回调，你都会承受不住，这是非常危险的。上面的盈利变少，下面的盈利变为负数，经不起一点点的地折腾。陷入这种僵局怎么办？那就通过实验来改进，把原有的推翻重来。此时我想制定一个策略，既能赚超值的利润，又能不用盯盘，并且每天还可以有细碎的收入，我的这个收入只与时间和空间有关，和运气行情无关。我要逃出没有行情盼行情，来了行情怕行情的怪圈。我要从此不爱行情，不喜欢行情，有行情也赚钱，没行情更赚钱。我制定的策略，要不怕格林斯潘那个长得像格格巫一样的小老头，也不怕伯南克，也不怕美国总统，也不怕英国首相，更不必为那个无聊的非农数据去操心。我希望有一个自动工具，每天都可以从全世界外汇市场这口大锅里，舀出汤来，一小勺，一小勺，放到我的碗里，放到我的桶里。这样的策略我要怎么去建立，怎么去破解原有的固化模式。起初这对我来说困难重重，有了这种念头之后，我睡觉的时候和工作没有影响，一觉睡醒的时候就好像搬了一夜的砖，卸了一夜的沙子一样，疲惫不堪，满脑子都是 k 线，已经进入了神经衰弱的境界。当我克服了一个障碍，总会见到另外一个障碍，往往比前一个障碍更难克服，就这样走了五六年，我还在不断调整完善我的策略。

我在这里给大家指明了大的方向，细节的问题，需要你根据情况自己去拿捏。就好像你去少林寺学武术，拜了名师，师傅教你一套三分钟的拳法，而这三分钟背后可能是十年八年的功夫，功夫就是时间的积累，这是不可跨越的。经验是别人无法给你的。我们对学习要抱一个态度。学习成功人士的经验，比你自己瞎研究、瞎折腾强多了，但是别人的经验是不可以照搬照抄的。

袁 Sir 告诉你不一样的外汇 22

真理是简单直白的

前面讲了时空的转换和增加时间、空间、资本的效率的问题。具体的手法就是打散，把集中下单改为打散下单。就像之前讲的，打散之后，资本的效率就会增加很多。

大周期的判断，就是利用你所学的知识，用在大周期上。大周期也不见得要做到极致，也就是说鱼头、鱼身子、鱼尾也不见得要吃得面面俱到。做大周期并不是不犯错误，大周期犯错误肯定比5分钟图犯的错误少。能够看出错误，或许已经开始发生翻转了，我还在继续，没关系，下一个行情的鱼头也许就被你抓住了，所以不要慌。原来下0.01，现在下0.03，两三个星期，甚至一个星期，损失的就给补回来了，鱼尾没有吃好，把鱼头好好吃一顿。

接下来我们谈一谈面对外界的一些外汇评论，或者喊单的团体，我们应当怎么去分辨，怎么样去借鉴。

很多人都在说，感谢袁老师分享的内容，我看得懂，

真理是简单直白的

说的都是大白话。我告诉大家，真理是简单直白的。

现在社会上有一种现象。可能是为了掩盖自己的心虚，还是要表明对得起自己的学费，很多人一张嘴就是 PPI、P2P、VIP、TPP、PPP，一个演讲下来，没有几个 P 就觉得对不起大家。台上这位讲的是风花雪月，台下的听众听得是如醉如痴，点头微笑鼓掌。为什么呢？怕别人认为你没听懂，笑话你。《皇帝的新装》里的那个小男孩，多么可贵，可爱，又是多么不成熟。被大人们长时间污染后，他就会看到皇帝身上穿的孔雀蓝，夕阳红了，变成一个被骗子形容的聪明人、称职的人。

明明简单明了就可以表达清楚的，非得用一些貌似高深的话来形容。比如"基于生物学和社会学上的二体联合"，通俗地说就是结婚生孩子。还有一些投资管理公司，发出来的那些说明、文章，高深得不得了。函数、指数加导数、根号下、开平方外带三元四次方程，5 个硕士 8 个博士伺候着，10 个不同策略的 EA，20 个数学模型，50 个理论指导，500 个信号源，1 万多个历史数据。整篇文字就透露出 4 个字——"心虚没谱"，不是多就是空，怎么整得那么复杂，赔钱都赔得那么高雅有素质。

我曾经遇到过这样一位先生，聊天中他说每天他在群里就是王子，连老师每天喊单之前都要征求他的意见。他给出的压力位、支撑位，一个点都不带差的。

还在现场给我表演。

你看只要到这里准回去，你看回去了吧，一个点儿都不带差的。

我就说你看得这么准，赶紧下单呀！

他说我不下，我只指挥别人下。

有一次，黄金一晚上跌下来600多点。第二天我问他，今天该喝酒庆祝一下了吧！

他说他看得简直是一点都不差，它虚晃一招往上涨，他都没上这个当，这个进场点，太绝了。他在 QQ 群里也跟大家说了，好多人今天给他鲜花、掌声。

我问他那你们得赚了多少钱呀？

他跟我说什么，你猜？

什么呀，挣个屁的钱，一个回调全都给吓跑了。

我说你呢？

真理是简单直白的

他说他是第一个跑的，赚了 20 个点的时候就跑了，而且这还是他这几周最好的成绩。

那么这个 600 点对他有什么用？

这就是典型的没行情盼行情，有行情怕行情，被行情吓跑了的。

然而这并不是最后的结束，他还会在转过天来开始抢回调，继而开始没有章法地乱做。

如果哪个老师天天分析行情，天天喊单，那你一定要擦亮双眼。

有些"专家"研究的那些东西，用一句比较尖酸刻薄的话来说就是在研究怎么让太监生儿子。

大家一本正经地研究，最后还真研究出好些科研成果，还分出了好些个门派，并引经据典有根有据地发表诸多论文，分析出几十种理论。

倘若要我来给大家指挥做单，恐怕一年也喊不了几单，当大家把我所说的吃透了，也就不用我喊单了，你们自己心里就已经有谱了，做多做空概率一清二楚。

下单一定要有道理可循，有的人下单简直是"胡作非为"。会做了多空都对，不会做多空都不对，两头挨打。

周期和下单一定要匹配。如果有人说他做日内超短线，你接下来就可以问一句"赔了多少钱了"，因为无一幸免。

真理是简单直白的

外汇保证金业务

全都是阳谋，没有阴谋

有的人跟我联络，说是听了我讲的这些之后照着做，心里也踏实了许多，睡得着觉了。又问我为什么我说得就那么肯定？投资有风险，怎么样做才能立于不败之地？

　　在这里我要确切地告诉大家其中的原委。很多人冒冒失失地跨入金融行业，但是没有透彻地了解金融行业的一些基础知识。做投资最大的风险不是来自市场，而是来自于自己的无知。任何事都存在风险，不只是金融业。在金融行业有两种风险：一种叫系统风险，一种叫技术风险。系统风险是不可防范的，无法规避的，是客观存在的。技术风险是可防犯的，是可以通过操作手段来避免的。

　　我们签过合同的朋友都知道，合同条款都有违约责任，还有不可抗力责任。金融行业也是一样，有各种可抗与不可抗的风险，我们都会想办法去尽力避免种种风险。处身于市场中，如果你已经努力防范风险降临，却也于事无补，

外汇保证金业务全都是阳谋，没有阴谋

这样的事也是不可避免会发生的。这就是所谓的黑天鹅。操盘的技术风险，更需要我们在执行的时候做好管控。我们做的任何操控不过都是基于对未来大概率的一个判断，不单单是投资理财，不单单是外汇操盘，万事皆有规律。就好像季节更替气温变幻一般，春天到夏天，一天天暖和，从暖和到炎热；秋天到冬天，一天天转凉，由凉爽到寒冷。投资也有规律，这其中也没有什么玄秘高深。就好比把米放在锅里，多放水就熬成了粥，少放一点水就焖成了饭，不放水那是炒爆米花。那么我在做外汇的时候就是尽量地把可变量、不可预测的变量转化为可预知的不变量。

我曾经讲过，在当前的市场规律中，按照我的理解，人民币不会跌到 8 块钱兑 1 美元。再测算一下我账户里的资本金，假如人民币跌到 7.5 元，我承受得了吗？承受得了，那就直接做空美元，做多人民币。承受不了，那就先不做空美元，但我绝不去做多美元。因为这个位置，综合其他的因素考量，没有必要。我不盼着它马上空下来，我只期待它在 7 元左右的位置，甚至 7.2 元的位置和我纠缠个四五年，我才赚得盆满钵满。怎样能够做到这样呢？自己去破解。哪一天跌到哪个位置，这是我们不能够控制的，不要试图去考虑非人为可以掌控的事情，你需要考虑的仅仅是这个市场让你考虑的事情。

还有一些人在玩二元期权，对此我只能说不太懂，这本身应该是一个机构的避险操作，现在成了老百姓玩的东西。大概操作模式就是预判下 1 分钟，或者下 5 分钟是多还是空，这简直就是同时与时间和空间在作对。

怎样让自己立于不败之地。我经常说赚钱就是赚钱，赔钱就是赔钱，没有中间地带，如果我没有在 1 秒钟给肯定的答复，或者这个答复是含混不清的，那就是不赚钱。如果说我今年赚钱了，千年等一回，是因为行情好，运气好，这是不科学的。稳定赢利和运气、年景、行情无关。

我在之前也做过这个分析，在这里再重申一下。为什么你仔细认真地做分析和操作，为了保险还甚至还做了止损、止盈，最后依旧赔钱。为什么人家做市商不这样做，你什么时候卖，人家什么时候都会买，你什么时候买，人家什么时候都可以卖给你。人家又不止损，又不止盈，又不怕隔夜，又不怕数据，又不怕新闻，还赚钱，你却依旧

外汇保证金业务全都是阳谋，没有阴谋

赔钱。具体原因我在之前说过,在这里我给大家出个主意。我要教大家去做一个有限的做市商,一个小成本的做市商,有 1 万美元就做 1 万美元的做市商,一定要记住做一个有方向的做市商。行情永远是对的,行情走到哪儿,我们就跟到哪儿,就成交到哪儿,没有止损,打散,把止损化解成入场位,永远和行情成交。

为什么可以立于不败之地?你或者客户的资本金,按照我说的,一年有 200%、300% 的利润,经过一年两年后,客户将数倍于本金的利润收入囊中。好比 10 万美元,第一年变成了 30 万美元;第二年再投入 10 万美元,没有压力吧,第二年又有了 30 万美元;第三年更没有压力了,那就投入 20 万美元,其中 5 万美元钱的风险度提高,激进一些,爆仓了也无所谓。那么第一年的风险怎么办?第一年所承受的就是正常的风险,而且按照我们这种方法操盘,比其他的操作方法风险要更低。风险是时刻存在着的。积累过几年之后,本金增大了,要求的利润率自然就降下来了。有钱人是考虑的保值增值,风险那就自然下降了很多个等级,当然就立于不败之地了。

154

黑天鹅也有黑天鹅防范的方法，如果做了规范的防范，却也爆仓了，那也是在情理之中的。这种系统性的风险我们也必须实事求是地去面对，风报比对了，正确率高了，多空概率看好，还是会赚钱的。这几年发生的所谓黑天鹅事件，其实方向都是顺势的，应该算是大行情。总而言之，有人赔就会有人赚，关键是你是不是在赚钱的那个阵营当中。

　　说到底，做外汇保证金业务，上当只能怪自己，怪不得别人。

外汇保证金业务全都是阳谋，没有阴谋

非农可以左右货币政策？荒唐！

这一章我们着重讲一讲怎样对待数据和讲话。我前面有讲过，我设计的策略是屏蔽掉这些东西的，我既不关注哪个所谓神仙大师的讲话，也不关注那个无聊的非农报告，甚至加息减息。这些所谓的"业界地震"和"核武爆炸"，都不是我所关心的。

怎么能够做到？看周图做单，看年月图分析判断出大方向，然后就可以做到。小时图里，5五分钟图里甚至15分钟图里的惊涛骇浪，在我看的周期里，什么事情都没有发生。大家要切忌人云亦云。好比说一个接近4亿人口的世界上唯一的超级大国，每个月多1万个人就业，或者少1万个人就业，就可以左右货币政策，就可以使货币增值或贬值？简直荒唐！

在2017年3月，我觉得非农已经完事了，3月中旬，我的一个学习群里还有一位朋友问我对当晚的非农怎么

非农可以左右货币政策？荒唐！

看？怎么指导做单？我就把我的这个理论讲给他了。后来我的学生私下跟我发消息说我这个说法对于一个外汇新手，或者处于挣扎期的人来说，是理解不了的。非农在很多的人心目中的地位比止损还要神圣。说我这样讲他们也不明白，或者他们会认为是我的分析做得不透彻，用这种大道理来搪塞他们，推诿他们。我的这个学生建议我为大家表演一下，并且告诉大家以后怎样来分析。

在前几章中我有和大家讲过怎样对待新闻和数据。不用去听任何新闻社的消息，忍不住去看去听，就按照文章的指引反着做的。文章不看好非美货币，你就做多非美，基本没错。练就看 K 线就可以推算出今天的数据是什么样，是什么数据，此数据一出现行情将会怎么走的本事。这样的本事玄不玄？玄也不玄。

我们来分析一下，一个数据的出现（暂且忽略数据造假和荒谬的成分）。数据出来，什么是好，什么是不好？大家可能不太明白，难道数据好就利多该国货币吗？就不会利空吗？这其实是一个变量。多个变量掺杂其中，我们大可不必将过多的脑容量放在这里。举个例子，大趋势就好像一个十七八岁的活蹦乱跳的小伙子，突然急病住院了，浑身乏力甚至失去知觉，结果住了几天院痊愈了，又接着打篮球、游泳去了。再举个相反的例子，一位年迈老人得了癌症，某一天量血压，验血，验尿，呦呵，比健康人还正常。医生就找家属说，老人病好了，可以出院了。如果你是家属，你是怎么认为的呢？如果是我，我认为今天的癌细胞比较偏鸽派。

　　有的人就是听信太多的所谓权威而被牵着鼻子走，却又乐此不疲。3月中旬的一天，我在开会的时候就为我的朋友们发了3条消息。第一条，根据这几天的行情，我们预测一下今晚发布数据后的行情——美元空；第二条，也就是说数据不利美元；第三条，再换一句话，数据好不好，美元都会空，就算暂时多，也坚持不了。在那个时候大家收到的数据纷纷预测当晚的数据会非常好，非农就业指数也好得不得了。那几天的新闻都是这种说法。然后大家所接收到的、看到的新闻，所暗含着的目的大家是否明白呢。好多所谓的新闻或者洗脑文章都是催眠大师们写的，短期内在行业内形成较大的转载量或者衍生同类文章无数，从

161

非农可以左右货币政策？荒唐！

而形成了真真假假的信息形态。

　　我们大量的散户朋友就应了著名羊群效应，我们就像是其中的一头羊。不可预知的事突然发生，马上报道，这叫突发新闻。但是我们再分析一下，如果一件事半个月之后要发生，现在就通过各种渠道放出风来。据可靠报道，据消息人士报道，你大可发挥充分的猜想，这件事情八九不离十和经济相关，又和具体的投资操作相关，不但即将引发核爆，同时又将带来 100 多只黑天鹅。在这里告诉大家，这不叫新闻，这叫局，做这个局就是等你上钩呢。

袁 Sir 告诉你不一样的外汇 25

美联储加息的局中局

之前讲了 3 月 10 号的非农，非农嘛，只是每个月的一个例行公事。现在我们来讲一下每年几次的可以利用的机会，给全世界投资人士设的局。3 月 15 号美联储加息会议，加息这两个字，我不知道大家听了以后是什么感受，对于我来说比易拉罐诈骗还恶心。这个美国加息呢，那么多年了，大家还没有脱敏，还没有免疫力，就好比都在说禽流感了，而你还在担心天花啊肺结核的。

　　每一年总有那么几件事可以做局来害大家，还是那么多人上当，屡试不爽。对于职业骗子来讲，看到那么多等待上当的人不去骗，那是违反职业道德和行业操守的，上了一当又一当，当当不一样。上当没关系，我们得变着花样地上，不能人家都懒得换花样了，我们还上当，怎么也得长点记性。

　　我们最大的敌人，并不是我们的大脑不灵光，分析力

美联储加息的局中局

不够，而是我们那一双水汪汪的好奇的爱看新闻和行业资讯的大眼睛，还有和一对好奇的爱听催眠新闻的大耳朵，这两个好奇的器官对于听到的看到的没有辨别能力，照单全收。远的不说，就说美国大选，文章是怎么写的？希拉里女士的支持者是华尔街的财阀高管，希拉里上台美股股指会暴涨，黄金会暴跌。搅局者川普先生一上台，美股股指会暴跌，黄金暴涨。这种论调铺天盖地，发酵了最少半年。大家回忆一下，川普上台后呢，多少也给了那些流言点面子，股指跌了6个小时，之后迅速突破前高，黄金涨了不到一天之后却下跌了2100多点。有多少人在这一波里吃亏，赔钱爆仓。

3月15号之前的一个周一，我在一个学习群里跟大家说应该怎样分析对待所谓的行业资讯。究竟怎么分析怎么对待呢，就像对待谣言一样，不听，不看，不传。根据K线图分析，做多非美，其他的就不多说了。学习群里的朋友们那么多年养成的习惯还是有点害怕，我就给大家回了这样一段话：美元加息，美元就涨，还有没有智商？对得起大米饭吗？有点儿犀利，但是句句属实。我这里有一则当时流传最广的消息，其他很多的消息都是从这条消息发挥出来的。"本周的 3 月 15 日，三件同时发生的大事将全球市场掀起滔天巨浪，悬在全世界头上的这三把利剑不是 3·15 打假那么简单。第一把利剑，美联储加息。上周的 ADP，初请和非农等表现靓丽，加息预期飙升至100%，令加息之火熊熊燃烧，黄金连续第九个交易日走低，创下自 2015 年 7 月以来最长连跌纪录，周线上更是大阴线，奠定了空头的下跌动力。另外，日本、瑞士、英国央行也在周四公布利率决议。第二把利剑，荷兰选举。15日荷兰大选开启，正式投票打响欧洲大选的第一枪。作为今年欧洲大选的第一个国家，荷兰选举结果无疑是有风向标作用，与特朗普一样，高举民粹主义大旗的荷兰自由党领袖韦尔德斯将很可能获胜，又一只黑天鹅即将起飞，欧盟更可能分崩离析。欧洲政治的不确定性或许能抵消部分美联储加息的影响力，给黄金一些支撑的力量。第三把利剑，美国的债务上限。到 3 月 15 号美国债务上限，预期法案都将到期。"

　　大家看看这篇报道里面有几个陷阱，而后的结果是怎

美联储加息的局中局

么样呢？我没有熬夜看加息，也没有看行情。香港的互动新闻台，每一次都是现场直播，全世界的机构都被裹挟其中，主动被动地参与到这个陷阱的制造当中。

第二天早上我一看电脑，连掩饰都懒得掩饰，黄金、英镑、澳元直挺挺地立着，连一个假动作都懒得做，往下打一点，打一点点，都对得起大家。这样的局每年只要有两三个，某些利益集团就可以赚得盆满钵满。

有的人觉得自己分析不透，玩不明白，就提前平仓不做了。其实行情就是每天大大小小的消息推动的，如果你怕，根本没有办法从事这个行业，何况现在又都是标题党横行。有的人喜欢问问题，你是基本面做单，还是技术面做单，分得那么细，分得那么清干吗？最本质的东西搞不懂，什么面对你来说都是对立面。

袁 Sir 告诉你不一样的外汇 26

我们要为实现梦想

而操盘赚钱

有人说自己做单就觉得好像行情是针对他一样，怎么做都不对，就好像知道他的存在一样，和他对着干。这个行情太神了，一定是让你赚钱的时候拿不住，赔钱的时候受不了，每天做单，手心都出汗，紧张得快要把鼠标都捏碎了。刚刚认栽走人，行情马上调头。再入场，又把你打止损了，怎么做都挨打。

　　这个行业最高的准则就是少量的明白人把水搅浑。我现在为大家剖析一下，其实所有的荒谬都是由一个大荒谬开始，我们让一股邪恶的势力把我们放到了一个根本就不可能赢利的道路上，你在这个道路上，用什么方法、什么智慧来研究，最高的境界也就是研究少赔钱。我把大家拽到一个正确的道路上来，转变为你最坏的结果也就是少赚钱。先站到正确的道路上，再研究技术。站在悬崖边上，想跳一个反身翻腾两周半加转体，漂亮不漂亮，先放在一

我们要为实现梦想而操盘赚钱

边，你要先看一看下面有没有水，水够不够深，没有水，大平地，你也敢跳？你要知道是谁在盼着你赔钱，要和什么样的平台打交道，这很容易就总结出来。你要知道你在学习的是谁灌输给你的知识，还要找到那种不和你做对手盘的平台，找那种和你的利益不冲突的平台，好的不多，但一定有。人间正道是沧桑，君子爱财，取之有道，存一颗诚实正直的心，来公平公道地参与到博弈中来。

还有一些自认为明白的糊涂人，免费地为恶势力做帮凶。想当操盘手的这些人，就像一群要想学习厨艺，想当厨师的人，可是找不着大厨教他们。但是世界上有许多营养师开班收徒，教授厨艺，告诉想学厨艺的学员们，什么叫蛋白质，什么叫脂肪，什么叫碳水化合物，还有氨基酸，用试管，用酒精灯，在认认真真地教授他们。学员们也认认真真地学，老师教的也绝对都是真理，但是这些真理绝对是没有可操作性的。有的人又谦虚得不得了，什么都学，什么都对，照单全收，搅和着用。还有的人自信满满，能量爆棚，学了三招两式，提枪上马就去拼命。

有一次一个基金经理用 Myfxbook 的指标给我测算一

下我做单的各项指标，我有一个账户，半年的账户，已经有 150% 的利润。当时我的浮亏是在 30% ～ 40% 之间，如果给我打出来的指标呢，说把浮亏调低一下，牺牲一点收益率，做得保险一点，我绝对认可。可是他怎么说呢？我的指标的正确率是 99.6%，单子那么多，十几万单，几乎都是做对了。都做对了，那就不对了。你的单子都做对了，为什么就不对了？还有一个指标，他说全世界的交易员都没有见过这个指标为零的，我说这个指标是什么意思，他说这个指标为零，说明你没有方向瞎做。我问他我没有方向瞎做，正确率 99.6%，单子做对了，这是不对的。

后来我的一个帮我开发软件的同事跟我说，他们的测评系统是测评超短日内单的系统，如果测评你的单子，要把这个测评系统的参数修改，把参数放大。简单地说就是他的机器呢是给老鼠做 CT 的，他把你这只老虎放在机器里了，心率和血压都不合适，都不正常，没有办法合格。你的单子全是对的，在他那套测评系统里叫作死扛，扛单。在你这儿呢，你自己取名字叫耍赖，你不给我钱我不走，耽误我一天你还得给我利息，敌进我退，敌退我追，敌疲

我们要为实现梦想而操盘赚钱

我打，敌驻我扰。我在这里提醒大家一句，外汇投资是全球一锅粥，可不是沪深股市，肉烂在锅里。我们作为交易人员赔钱是可耻的。从某种意义上讲，我们赚钱是一种爱国的行为。

大家都还记得我说干这行赚钱不靠技术吧，我还讲了一些战略和战术，时间空间转换的理论。综上所述，这些理论还是算在技术的层面，大的技术范畴。下面我再给分享一下，也是实实在在的我的心路历程和感受。我们想获得理想的业绩，我们必须提高自己心灵的品位和品质，要有大格局、大胸怀，敬神爱人，谦卑感恩。

与其花钱被别人忽悠，
不如自己忽悠自己

与其花钱被别人忽悠，还不如自己忽悠自己。现在我教大家一个方法，首先保证收益超过喊单老师教大家做单时候的收益。每天准备一个硬币抛硬币，正面是做多，背面是做空。下载一个模拟软件，设止盈，不设止损，或者止损放在 200 点开外，不止赢，有利润想跑也可以，然后就可以静候佳音了。

　　外汇保证金投资最可怕的现象就是绝大多数参与者和绝大多数的行业从业者、服务者，包括财经记者、教课的老师、平台的工作人员，都不相信有人能赚钱，都觉得赚钱是基于行情和运气的。

　　前些日子看了一个小有名气的公众号发的一篇文章，写关于止损的。我还是要声明一下，不是不设止损，是你要会设止损，会设止损是建立在会做单的基础上，还要看你的整个操作系统是一个什么样的系统。我们的系统是一个综合体，就像我们人体一样，有消化系统、指挥系统、运动系统、循环系统等，所有的系统共同工作没有所谓的主次之分。止损在外汇中只是一个操作，连技术都不是。写这篇止损文章的专家就像一个庸医，不管遇上什么样的病人，都不厌其烦地告诉人家你要避孕。那篇文章里面写止损是为了防黑天鹅。我在生活当中从来没有见过，哪个人怕被雷劈死，天天脖子后面插一根避雷针的。你是一个狙击手，瞄准是你的工作重心。我是一个机枪手，瞄准不是我工作的重点。文章还举了自己不设止损吃亏的例子，其实那不是不设止损，那是他不会做单。止损只是一方面，难道只有止损可以防止黑天鹅？我也用止损，我很多赢利单子都是止损保护出场，我的止损全都是赢利止损。我在进场的时候反而不喜欢用止损，出场才止损。我做的是和我的系统相匹配的方法，你如果教大家止损，那你就教全面了，所有止损的方法理论，所有止损的用法你都要教，你不要笼统地说要设止损。那篇文章一开头用开车系安全带来形容止损，形容得很好。接下来我就用安全带理论，再深度剖析一下，用他的矛试试他的盾。我们开车都要系安全带保命，假设我们开车从 20 岁到 70 岁，50 年的时间，你也许会被安全带救命一次、两次，但若是每天都被安全带救命，那你不是在开车，你是在玩命。你能够系好安全带去开车是因为你会开车有执照，系安全带也是在你会开车的基础上的一个安全操作，不属于技术层面。并不是你只要系上安全带，谁都可以去开车了。做单也一样，会做单了，止损只是会做单的其中一个操作技巧，不是只要设了止损就可以理直气壮地去赔钱了。

还有很多很多人写文章，说投资行业大多数赔钱，是很正常的，很正确的，并用许多的推理来证明这个现象是多么正确。这只是一个结果，一个事实，而结果和事实并不是说明它就是正确的。如果是真理，那参与投资的人是故意要赔钱的吗？我不相信没有双赢、多赢的事。我相信大家一起努力营造公道的行业气氛，一定会创造可能。

与其花钱被别人忽悠，不如自己忽悠自己

袁 Sir 告诉你不一样的外汇 28

道与法

最近有朋友提出想跟我学习在这里和大家讲一下我收徒标准，其实也算不上收徒标准，顶多算是给大家一些入行或者说求学的要求吧。如果一所学校没有招生门槛，那恐怕就只有社会上一些纯赢利为目标的机构了，近些年就算是上幼儿园和小学校也有划分区域呢。对于一些基础教学有没有必要去专门求学呢，我在这里告诉大家大可不必，很多基础知识我们上网都找得着教学视频，教得也很系统，并且都是免费的。当然也有人说一定要跟着袁老师学习，我的要求就是你首先要是大学毕业了的，中级以上的职称，或者是主任科员以上的级别。就好像你想学长跑就不能太胖，想学相扑又不能太瘦。我的另外一个要求就是盯盘 1 万个小时，有 10 万美元的本金，还有 10 万美元的学费。有的人确实不适合做这一行。如果我教了你就等于害了你。人最重要的就是认识自己，找对位置，知道进退。大家在

道
与
法

183

喝心灵鸡汤之前先要明白，尽量少跟自己过不去，少给社会、家庭、朋友找麻烦，别把自己逼到墙角，逼到绝路上。以上有点跑题，重在提醒大家在做外汇的时候一定要认清自己的位置。接下来进入到本章的重点：道与法。还是在我们的学习群里，有一位朋友问大家，道和法哪个重要。另一位朋友说，以前做短线犹如摆地摊，100 元都算大生意。当你格局放大，空间放大后，就像马云那样，100 亿才算大生意。做小生意没关系，问题是每天还得提防着流氓捣乱。吉姆罗杰斯曾说过一句话，"学习历史和哲学吧，干什么都比进商学院好；当服务员，去远东旅行"。如果你花十几万元人民币去向一位老师学习投资，而老师从头到尾给你讲的都是均线、K 线、菲波纳奇、超买、超卖，从没有跟你谈哲学、人文、历史和辩证法。那我不客气地告诉你，你的钱白花了，我们不要失败了以后变成哲学家，我们要用哲学和辩证法去指导投资，道和法哪个重要，多么高深的命题。

"路线错误可以犯，但是方向错误不可以犯"。方向就是道，路线就是法。我们做外汇投资，应了道，顺了势，剩下的就是细节的处理，可以因地制宜。法不是不重要，是可以根据情况调整完善。怎样顺应道和势呢？先要打下一定的基础，有了一定的理念、思绪、思路之后，再追求道，有了道之后，再完善法。

道的内容很广泛，我们在下一章再讲，这里先谈一谈势，趋势的势。势这个词有多么厉害，从组词或成语当中就可以看出它的力道。势力，势如破竹，势不可挡。势不两立。时势造英雄易，英雄造时势难。说是一回事，做却是另一码事。先别讲做单，就讲一讲我们人。很多人的状态都处在势不可挡，天天去挡，势不两立，你去立。何不顺应趋势，迎合趋势呢。

袁 Sir 告诉你不一样的外汇 29

了解趋势还有学习辩证法

有朋友善意地提醒我说，袁老师还有冷战思维，还总想着有敌人，有敌人迫害。那我不说敌人，就称之为对手。话说回来，对手也是可以化解的，随着时空的变化而变化，可以利用，就像利用行情的变化一样，做着多可以利用空，做着空可以利用多。

言归正传，我们接着上一章继续讲"势"。大家在中学都学过物理，都懂得势能和动能之间的转化关系。货币也是一样，我们也要势利一些，选一个势能强的做空，再选一个动能强的做多，和那个最强的联手，去打那个最弱的。有些朋友们偏不，不去和行情、势这个大的趋势谈恋爱，也不和 K 线谈恋爱，而是和某一个货币对谈恋爱，还要从一而终，当什么镑美公主、澳美王子、美瑞教父。其实怎么说呢，有的人就是这样，一辈子就研究某一个货币对。也不是不对，但是有的时候，你做的货币两个都强怎么办？两个货币都在上升通道怎么办？两个货币都强，都硬，都拧，再加上你比它们还拧，三个拧种天天杠到一块儿，跟自己的钱和时间都过不去。

那要怎么办呢？其实也很简单，一个货币强就是对其他都强，这就是进入升值的一个通道，如果一个货币弱，就是对其他的货币都弱，这就进入了一个贬值通道。为什么 2017 年初、2016 年年底的时候，我说不是人民币弱，是美元疯了，是美元兑其他货币都强。那时候为什么不可以做多美元呢？因为美元是强弩之末了。在讲道之前再讲一讲辩证法。我的认知也很粗浅，只是谈一点点感受。我就举一个小事例。在中国收藏界有一位名人，马未都先生。马先生非常有智慧，他的藏品丰富是因为他会卖，所以他的藏品越来越多。多么辩证的道理啊，引申到我们做单，那就是会建仓，你还要会平仓，平仓的学问比建仓还要大，其实还能够引申到咱们做单许多的地方。所以，要知道我们外汇投资不仅仅是在外汇里面研究外汇，一定要站在一个高度上做外汇。

有一天和朋友聊天，聊到中国好的中医人才越来越少。

我母亲 30 多岁的时候患严重的胃病，找了许多的医生治疗都治不好，在 20 世纪 60 年代花了大概一个月工资的费用在天津看了一位名医，其他人都是按照胃寒给我母亲医治的，而我母亲的病因是胃热。所以说医生也要学会辩证法，辩证地看待病情，不然的话不但不能为患者服务，还有可能害人。前几年我帮老婆挑澳大利亚的房子，我自以为是地向老婆提议买朝南的房子，觉得那样向阳采光好。我老婆告诉我，澳大利亚是在南半球，朝北的房子才是向阳的。大家看一看，空间不一样，真理变谬误了。

袁 Sir 告诉你不一样的外汇 30

道可道，非常道

道这个题目很大，我的水平有限，希望给大家抛砖引玉。

　　我在前几章里说过，我们生活在时间空间里，我们做单不可以和时间空间作对。这种说法已经是站在很高的角度了，但其实还是停留在技术层面，为什么？因为万物是借着道造的。也就是时间和空间也是道所造的，道所规定的。我们知道时间空间的道还是低层面的道，还不是大道，要认识道，你才会永远立于不败之地。

　　再看一看我们古老的中华文明对道的认识。像我们经常说的盛极而衰，物极必反，否极泰来，这些词，不管是成语啊，还是俗话啊，还是典故，这些东西都可以指导我们投资，指导我们做单。《道德经》大家都熟悉。"道可道，非常道；名可名，非常名。无名，天地之始；有名，万物之母。故常无，欲以观其妙；常有，欲以观其徼。此

道可道，非常道

195

两者同出而异名，同谓之玄，玄之又玄，众妙之门。"还有很多，耳熟能详的名句。如："知人者智，自知者明，胜人者有力，自胜者强，柔弱胜刚强。""鱼不可脱于渊，国之利器，不可以示人。""道常无为而无不为。道生一，一生二，二生三，三生万物，大直若屈，大巧若拙，大辩若讷，静胜躁，寒胜热，清静为天下正。天下多忌讳，而民弥贫；民多利器，而国家滋昏；人多伎巧，奇物滋起；法令滋彰，盗贼多有。祸兮福所倚，福兮祸之所伏。"

《道德经》是治国理政和认识人生事物很好的一本大书，里面全是辩证法。我也不是什么国学老师，我也没有当真地背过，只是爱看，看完了，看一些解释，看一些老师的一些视频，很受益。希望大家在我的介绍下，大家要抽出时间来看一看。

万物负阴而抱阳，冲气以为和。整篇《道德经》中可以指导我们投资做单的话，大概有四分之一。我是大范围地运用了四个字，混沌无为。大家分析一下"负阴而抱阳，盛极而衰"等等道理，是不是在指导我们做单。大家看一看道教中的阴阳鱼，一个阳极一个阴极互相转换，鱼的眼睛又互为阴阳鱼，小鱼的眼睛里面还有阴阳鱼。大家想一想，这是不是我说的大趋势里面有中趋势，中趋势里面有小趋势。我们把大、中、小趋势的一个辩证关系搞好了，对我们做单是非常非常有利的。

在本书的最后，分享一首宋代诗人王安石的《登飞来峰》，希望各位朋友有所启发。

《登飞来峰》

飞来峰上千寻塔，

闻说鸡鸣见日升。

不畏浮云遮望眼，

只缘身在最高层。

图书在版编目（ＣＩＰ）数据

袁 Sir 告诉你不一样的外汇 / 袁悦著 . —— 北京 : 经济日报出版社 , 2018.4
ISBN 978-7-5196-0345-8

Ⅰ . ①袁… Ⅱ . ①袁… Ⅲ . ①外汇交易—基本知识
Ⅳ . ① F830.92

中国版本图书馆 CIP 数据核字 (2018) 第 071026 号

袁 Sir 告诉你不一样的外汇

作　　者	袁　悦
责任编辑	张建国
出版发行	经济日报出版社
地　　址	北京市西城区白纸坊东街 2 号 (邮政编码 :100054)
电　　话	010-63567961（编辑部）63516959（发行部）
网　　址	www.edpbook.com.cn
E – mail	edpbook@126.com
经　　销	全国新华书店
印　　刷	北京市金星印务有限公司
开　　本	1/16
印　　张	13.5
字　　数	97 千字
版　　次	2018 年 7 月第一版
印　　次	2018 年 7 月第一次印刷
书　　号	ISBN 978-7-5196-0345-8
定　　价	45.00 元